社会福祉・医療従事者のための

# 災害福祉論

長谷川 洋昭 編著

学文社

# 執　筆　者

**長谷川洋昭**　田園調布学園大学子ども未来学部准教授（はじめに，第 1 章，第 12 章）

**時東　ぁみ**　タレント・防災士（column）

**麥倉　　哲**　岩手大学教育学部特命教授（第 2 章）

**荒木　和博**　拓殖大学海外事情研究所教授・元陸上自衛隊予備陸曹長（column）

**杉本　洋平**　日本マネジメント総合研究所合同会社客員研究員（第 3 章）

**松田　浩一**　新宿区危機管理担当部長（column）

**有村　大士**　日本社会事業大学社会福祉学部准教授（第 4 章）

**高柳　瑞穂**　田園調布学園大学大学院人間学研究科准教授（column）

**松永千惠子**　国際医療福祉大学保健医療学部教授（第 5 章）

**市川　和男**　大妻女子大学人間関係学部専任講師（第 5 章）

**石田　賢哉**　青森県立保健大学健康科学部教授（column）

**渡邉　浩文**　武蔵野大学人間科学部准教授（第 6 章）

**高橋　恵子**　熊本県認知症介護指導者（column）

**鶴岡　浩樹**　日本社会事業大学専門職大学院教授・医師（第 7 章）

**梅澤　裕子**　千葉県浦安市健康こども部健康増進課副主幹・保健師（column）

**太田由加里**　日本大学文理学部教授（第 8 章）

**松岡　是伸**　北星学園大学社会福祉学部准教授（column）

**大井　　純**　NPO 法人障害児教育・福祉資料センター代表理事（第 9 章）

**伊藤　英樹**　NPO 法人井戸端介護理事長（column）

**後藤真一郎**　全国社会福祉協議会出版部副部長（第 10 章）

**樽林　元樹**　浦安市社会福祉協議会地域福祉推進課課長代理（column）

**林田　由那**　宮城教育大学教育学部講師（第 11 章）

**兵藤　智佳**　早稲田大学平山郁夫記念ボランティアセンター准教授（第 11 章）

**福島　　忍**　目白大学人間学部准教授（column）

**増田　哲生**　東京消防庁新宿消防署署長・消防監（column）

**井上　幸史**　兵庫県姫路市立豊富小中学校教頭（第 13 章）

**東滝　弘子**　兵庫県防災士会（column）

**児玉　善郎**　日本福祉大学教授・学長（第 14 章）

**田口　妙子**　愛知県東海市災害時支援看護職（column）

# はじめに

　地球物理学者の寺田寅彦（1878〜1935）の言葉とされている『天災は忘れられたる頃来る』。これは災害にまつわる警句として，多くの日本人は聞き覚えがあるものです。東日本大震災以降も様々な形の災害に見舞われたわが国は，災害に対する市民や行政の意識は確かに高まりました。しかしながら，どれだけの人が平時より実際の行動に移しているでしょう。災害は，忘れる前にも来るのです。

　普段から地域において「避難行動要支援者」等をはじめとする様々な人々と向き合う社会福祉・医療従事者にあっては，日常の支援だけでなく災害時の支援についても専門職として備えるべきことが求められています。東日本大震災では「想定外」という言葉が多くの場面で聞かれましたが，それは無知や無関心といったことの裏返しとも言えます。

　「想定外の人を作らない」

　この取り組みこそが私たち社会全体に求められているのではないでしょうか。

　災害は，健常者にも，障害者にも，高齢者にも，子どもにも，善人にも，悪人にも，すべての人々の上に等しく起こりうるものです。そうであるならば私たちは，想定できるソフト面ハード面のリスクを平時より整理し，少しでも災害による被害を減らすことを考えなければなりません。地域で「弱者」とよばれる人たちの存在に気付き，ニーズを掘り起こし，寄り添い代弁できる存在として，社会福祉・医療従事者が災害に関する場面で期待されることはますます大きくなるでしょう。

　現在災害に備える学びは，例えば社会福祉士養成課程においては個々の専門分野において触れられることはあっても，体系的に学ぶ機会は多くありません。そこで本書は，災害支援に関する歴史，制度，様々な福祉的分野での支援についての平時の備えと災害時に想定すべき対応の要点をまとめました。

1

本書が大学や短期大学の「災害福祉論」「地域福祉論」等のテキストはもとより，地域における市民の防災教育などに広く活用され，それぞれの立場で地域防災の一助となることを願います。

2021 年 8 月吉日

長谷川　洋昭

# 目　次

# 第1章　災害福祉とは何か

## 第1節　「災害」とは何か

### ▶ 1. わが国における災害の法的定義

　災害列島とも呼ばれる日本。わが国において「災害」は,「災害対策基本法」には次のように定義づけられている。第2条1号で,災害とは,「暴風,竜巻,豪雨,豪雪,洪水,崖崩れ,土石流,高潮,地震,津波,噴火,地滑りその他の異常な自然現象又は大規模な火事若しくは爆発その他その及ぼす被害の程度においてこれらに類する政令で定める原因により生ずる被害」とされている。しかしこのような現象が例えば無人島で発生したとしてもそれは単に自然現象であり,人的・物的に被害があってはじめてそれは「災害」となる。そしてその「災害」は,社会の脆弱な部分を顕在化させ,政治体制,経済状況,価値基準などといった社会的要因が,災害の規模や状態を決定するのである。

　例えば東日本大震災のような規模の津波が,他の国・地域で発生したとしよう。果たして避難から救援,そして復興過程に至るまで様々な点で相違があることは容易に想像がつくであろう。

　わが国は周囲を海で囲まれた火山国であり,私たちは古くから地震・噴火・台風・津波など様々な自然の脅威にさらされてきた (第2章参照)。そしてその自然に対して時には対峙し,時には諦観することを繰り返してきたが,その中で日常生活に著しい支障が生じてしまった人々がいる。その状況を惹起するものは,物理的心理的なダメージだけでなく様々な制度上の未整備から来るものも多い。少子高齢化が着実に進行し人口減による様々な価値変容が求められる中,社会と災害の向き合い方も,過去に学びつつもそれだけにとらわれない発想が求められよう。

以上の「災害対策基本法」における定義はいわゆる「自然災害」の範疇を中心に示したものであるが，東日本大震災で甚大な被害が発生している「原子力災害」については，「原子力災害対策特別措置法」第2条1号および2号によると，「原子力事業者の原子炉の運転等により放射性物質又は放射線が異常な水準で当該原子力事業者の原子力事業所外へ放出された事態」（第2号）により「国民の生命，身体又は財産に生ずる被害」（第1号）として，別途規定されている。

本書においていう「災害」とは，もっぱら上記「災害対策基本法」第2条1号が指し示す状態とする。ただし東日本大震災の原子力災害において顕在化した具体的な福祉的支援，また新型コロナウイルス感染症と自然災害との複合リスクへの対応等については，この限りではない。

## ▶ 2. 災害に向き合う姿勢〜自助・共助・公助の連携〜

まず自らの行動（平時の準備含む）で自らと近親者の生命と財産を守ることが「自助」である。次にこれを踏まえた上で，地域住民同士が共に協力して支えあう行動が「共助」であり，そして制度や政策（第3章参照）をはじめ役所や警察・消防・自衛隊といった公の機関，公共企業の対策活動を「公助」という。この3つが互いに連携することで，被害の最小化が図れるとともに，早期の復旧・復興につながっていくのである。

1995（平成7）年1月に発生した阪神・淡路大震災では，生き埋めになったり閉じ込められた人の77.1％が「自力で脱出」「家族」「友人・隣人」によって救助されており，「救助隊」に救出されたのは22.9％という調査結果がある（図1-1）。

大規模広域災害時には，行政機能（公助）がマヒもしくは同時に災害対応することが困難なため，自助・共助による救出率が高くなる。これは発災直後だけではなく，長期にわたる避難生活や復旧・復興の場面においても同じことが言えるだろう。私たちが災害と向き合う上での仕組み作りの基本は，「自助」「共助」「公助」のバランスを地域と個人の状況に合わせて考えることであろう。

**図 1-1　阪神・淡路大震災における救助の主体と救出者数**

出典：河田惠昭（1997）「大規模災害による人的被害の予測」『自然災害科学』第 16 巻第 1 号

　現代社会において，地縁や血縁に代表される相互扶助関係は希薄化していると指摘されて久しく，自治会・町内会の加入率の低下も災害時における支援体制作りの不安要素となっている。災害時には自分の安全は，まず自分で守ることが基本とされるが，どうしてもハード面やソフト面で支援が必要となる人々がいる。平時においてはハード・ソフトともにバリアフリー化が進んだわが国においても，ひとたび災害時になると様々な課題が顕在化する。都市化や少子高齢化が進んだ現代にあっては，もはや誰しもが要支援者になる可能性を孕んでいるといえる。そして様々な立場に置かれる要支援者は，「自助」「共助」「公助」の各局面においてどのような支援が必要であるかを，地域の実情に合わせて平時より想定しておく必要がある。

　2011（平成 23）年，東日本大震災発災時に「想定外」を繰り返した政府の対応は記憶に新しいが，社会福祉・医療従事者に求められることは，平時からの活動によって「想定外の人を作らないこと」である。

## 第 2 節　避難行動要支援者

　東日本大震災をはじめ多くの災害では，健常者よりも高い割合で高齢者（第

6章参照）や障害者（第5章参照）が犠牲になったことがわかっているが，このことからも，災害時に自ら避難行動をとることが困難な人たちに対する避難支援等の体制作りが地域には求められている。

　災害が発生した場合，私たちは被害を最小限に抑えるためにまず必要な情報を把握し，自らを守るために安全な場所に避難するなどの行動をとらねばならない。その時，「危機が判断できる」→「情報が収集できる」→「なすべきことが判断できる」→「実際に行動できる」といった，大まかな一連の流れを具体化することに対し何らかの困難がともなう人がいる。具体的には次の4点である。

(1) 自分の身に危険が差し迫った場合，それを察知する能力が無い，又は困難

(2) 自分の身に危険が差し迫った場合，それを察知しても適切な行動をとることができない，又は困難

(3) 危険を知らせる情報を受けることができない，又は困難

(4) 危険を知らせる情報を受け取っても，それに対して適切な行動をとることができない，又は困難

　これらの人を指して「災害弱者」「災害時要援護者」と呼んだが，2013（平成25）年6月の「災害対策基本法」改正から，高齢者，障害者，乳幼児（第4章参照）その他の特に配慮を要する人を「要配慮者」（第8条第2項15号）といい，そのうち，災害が発生し，または災害が発生するおそれがある場合にみずから避難することが困難な人で，その円滑かつ迅速な避難の確保を図るため特に支援を要する人を「避難行動要支援者」と規定している。

　そして本改正では，このような人たちに対し実効性のある避難支援等がなされるよう，以下のことなどを規定した。

(1) 避難行動要支援者名簿の作成を市町村に義務付けるとともに，その作成

に際し必要な個人情報を利用できること（第49条の10）

（2）避難行動要支援者本人からの同意を得て，平常時から消防機関や民生委員等の避難支援等関係者に名簿情報を提供すること（同条の11の2項）

（3）現に災害が発生，または発生のおそれが生じた場合には，本人の同意の有無にかかわらず，名簿情報を避難支援等関係者その他の者に提供できること（同条の11の3項）

（4）名簿情報の提供を受けた者に守秘義務を課すとともに，市町村においては，名簿情報の漏えいの防止のため必要な措置を講ずること（同条の12，13）


そして上記改正をうけて同年8月，内閣府は「避難行動要支援者の避難行動支援に関する取組指針」を策定・公表した。「避難行動要支援者名簿」作成時における個人情報収集やその取り扱いなど各市町村によって多少の差はあるものの，災害が発生した場合や発生するおそれがあった場合には，情報提供を拒否した人であっても，避難支援等に必要な限度で，避難支援等関係者及びその他の者に名簿情報を提供するとしている。

支援等の関係者は，○自治会，町内会・自主防災組織　○民生委員・児童委員　○消防署・消防団（第12章参照）　○社会福祉協議会（第10章参照）　○避難行動要支援者が指名する個人支援者など，である。なお，これらが実施する避難支援等については，地域の支援者の善意による地域活動として可能な範囲で実施されるものであるから，法的責任や義務を負うものではない。制度の運用の根幹となるものは，支援する側とされる側の平時よりの信頼関係構築である。

要配慮者や避難行動要支援者と考えられる人々に対しては，日常の地域生活の中で信頼関係を構築しておくことが重要であり，そのためにも地域住民の「共助」の意識が主体的に醸成できるよう，社会福祉・医療従事者には地域の状況に即した働きが期待されよう。要配慮者や避難行動要支援者と考えられる人の中には，積極的に支援を求めない人や，支援を拒否する人もいる。それらの人の多くは，自らのニーズに気づいていない場合が考えられる。たとえそのような状況であっても，その人個人の置かれている環境情報（住環境，情報伝達体制，

必要な支援内容等）をできる限り把握し，複数の支援者を決めておくなど，民生委員等を中心に個別化した支援計画を立て，定期的に見直しを図ることが必要である。2021（令和3）年5月に災害対策基本法が改正され，市町村に避難行動要支援者ごとに個別避難計画の作成が努力義務化されるなどの規定等が創設された。

## 第3節　災害福祉の課題と定義

### ▶ 1. 災害福祉の支援姿勢と課題

　災害を経験した地域では，次のような回復プロセスを経るといわれている。一くくりに「被災地」といっても，現地では山一つ，道路一本隔てるだけで被害状況が全く異なる場合もある。同様に「被災者」といってもそれぞれの生活

表1-1　被災者とコミュニティの回復プロセス

| |
|---|
| **【英雄期】：災害直後**<br>　自分や家族・近隣の人々の命や財産を守るために，危険をかえりみず勇気ある行動をとる。 |
| **【ハネムーン期】：1週間～6ヵ月間**<br>　劇的な災害の体験を共有し，くぐり抜けてきたことで，被災者同士が強い連帯感で結ばれる。援助に希望を託しつつ，瓦礫や残骸を片付け助け合う。被災地全体が暖かいムードに包まれる。 |
| **【幻滅期】：2ヵ月～1，2年間**<br>　被災者の忍耐が限界に達し，援助の遅れや行政の失策への不満が噴出。人々はやり場のない怒りにかられ，けんかなどのトラブルも起こりやすい。<br>　飲酒問題も出現。被災者は自分の生活の再建と個人的な問題の解決に追われるため，地域の連帯や共感が失われる。<br>※この時期が終わるまでは，地域だけでなく外部からの物心両面の支援が欠かせない。 |
| **【再建期】：数年間**<br>　被災地に「日常」が戻り始め，被災者も生活の建て直しへの勇気を得る。<br>　地域づくりに積極的に参加することで，自分への自信が増してくる。ただし復興から取り残されたり，精神的支えを失った人には，ストレスの多い生活が続く。 |

出所：デビッド・L・ロモ『災害と心のケア』アスク・ヒューマン・ケア，2007，p.14を一部改編

背景や被害状況は全く異なってくる。支援にあたる際には現地のニーズと個々のニーズをしっかりと見極めることがまず初めに求められる。支援者はこれらの段階を見極めながら被災者と地域に寄り添っていかねばならないが，被災者が主体的に自らの将来に向き合っていけるような関わりを常に意識しなければならない。

　個人の生活再建とは，必ずしも以前と同じ生活を再現することを意味しないが，劇的に変化した環境にあることを踏まえつつ，心理的なサポートが継続して必要である。若年者なら新しい地で新しい生活を希望とともに始めることも可能かもしれないが，高齢者は今まで積み上げてきた様々な関係性，有形無形の財産の多くを失い喪失感に打ちひしがれる人もいることだろう。支援にあたっては被災者の年齢・性別・家族構成・経済状態などに留意し，個別化して考えていくことが求められる。またその際，被災者のエンパワメントを図れるような内容でなければ支援とは呼べない。これは災害福祉実践に特有のものではなく，様々なソーシャルワーク実践において共通の支援姿勢である。

　「情報のバックアップ体制」の整備も急がれる。東日本大震災では，医療機関（第7章参照）や福祉施設（第9章参照）から身体は助けられたものの，必要なカルテや記録などが失われたために避難所で心身の状態が悪化した人も多く出現している。また無理解や偏見（第8章参照）から居づらさを感じて，自ら避難所を離れた障害者や高齢者とその家族の存在も多く報告されており，震災後の環境の変化により心身が疲労した結果亡くなった「震災関連死」とされた人は，2021（令和3）年3月31日時点で3774人にのぼり，うち66歳以上が3342人と全体の9割を占めている。

　支援者は新たに必要となる社会サービスについての情報収集と提供，そして申請や手続きの代行の支援をすることも想定される。また人口の流出や企業の移転などで，地域経済自体が弱体化する可能性もあることから，福祉的支援と並行して雇用先の創生についても各方面と調整を図る時機も出てくる。そのため支援者は，平時より自分の専門領域以外にも他の専門職との連携を行っておくことはもちろんのこと，様々な立場の人・組織とのつながりが求められよう。

また専門職だけではなく「ボランティア（第11章参照）」等をどう受け入れて活用するのか，地域の実情に合わせて平時より体制を整えておくことも大切である。1995（平成7）年に発生した阪神・淡路大震災には，全国からのべ137万7300人のボランティアが集まり，様々な分野での被災地支援を行ったことから社会の認知が進み，この年がわが国における「ボランティア元年[2]」と言われることになった。甚大な被害を受けた被災地では，被災者は今までの日常生活から大きくかけ離れた状況にあり，自らの身の回りのことすらままならない。このような時に支援にあたってくれるボランティアは，被災者だけではなく現地の支援者にとっても非常に頼りになる存在である。

　ボランティアには，医療に代表されるような専門的技術が必要となるものと，力仕事や清掃など比較的多くの人ができるものに大別されよう。何れにしても被災地や被災者のニーズに合致したものでなければならない。しっかりしたアセスメントと事後評価をする仕組みが，ボランティアを行う側と現地の支援者には求められる。また各自治体は，災害時にボランティアを受け入れ，またコーディネートできるような体制を平時より構築しシミュレーション[3]しておくことが望ましい。この場合，社会福祉協議会が中心的役割を担う場合が多い。

## ▶ 2. 災害福祉の定義

　2020（令和2）年1月9日〜26日に内閣府が実施した「社会意識に関する世論調査[4]」によると，「あなたは日頃，社会の一員として何か社会のために役立ちたいと思っていますか。それとも，あまりそのようなことは考えていませんか」という問いかけに対し，「思っている」と答えた者の割合は63.4%もあった。これはひと頃からよく耳目にするところの「人間関係の希薄化」はさておき，国民の6割以上は何か社会貢献をしたいと考えていることがわかる。このような国民の意識を，いかに地域の福祉課題に具体化させていくべきだろうか。

　災害の被害は，「季節」「曜日」「時間」「場所」そして「人」という5つの条件の組み合わせによって，その様相は大きく異なってくる。

　私たちは災害が現実に発生した段階で，初めて当事者も周囲も支援の必要性

を明確に意識する場合が多い。また被災体験も時間とともに風化し，日常の福祉課題への取り組みの中でいつしか災害時への備えは後回しになってしまう。フォーマル，インフォーマルな地域福祉の実践がなされているが，「自助」「共助」「公助」の局面を日常の福祉課題にからめ，災害時の地域のあり方（第14章参照）を全ての住民の意識の俎上にのせること（第13章参照）が課題である。

　よって「災害福祉」を定義するならば，災害時においては支援が必要となった人の生活支援と地域社会の復興支援を行い，そのために平時より人とのつながりを基盤にした地域実践をおこなうこと，とまとめることができよう。

---

┌─────────────────────────────────────────┐
〈演習課題〉
1. あなたの家庭における災害対策を整理し，足りないものはないか考えてみよう。
2. あなたが住む地域の，災害に関する課題を3つ挙げてみよう。
3. 災害に関する情報収集手段について，平時と災害時に分けて整理してみよう。
└─────────────────────────────────────────┘

---

**注**

1) 高齢者，障害者（身体・知的・精神），乳幼児，妊産婦，療養中の人だけではなく，日本語を母国語としない人，地理に疎い場所で罹災した旅行者，帰宅手段が絶たれた勤め人，学生生徒，などが該当する状況も発生する。
2) 国はボランティアの社会的役割を認め，同年12月の災害対策基本法の改正により「ボランティア」という言葉がわが国の法律に初めて明記された。
3) ボランティアを地域で受け入れる環境・知恵などのことを「受援力」という。地域外のボランティアの力をうまく引き出すことは，被災地の復興を早めるなど，地域防災力を高めることにつながる（内閣府（防災担当）「地域の受援力を高めるために」内閣府，2010）。
4) 内閣府「社会意識に関する世論調査」https://survey.gov-online.go.jp/r01/r01-shakai/2-2.html（2021年7月13日閲覧）

**参考文献**

都政新報編集部『東京の3・11　東日本大震災からの教訓』都政新報社，2012年
内閣府『防災白書』各年版
西尾祐吾・大塚保信・古川隆司『災害福祉とは何か——生活支援体制の構築に向けて——』ミネルヴァ書房，2011年
日本学術会議社会学委員会社会福祉学分科会「提言　災害に対する社会福祉の役割

　　―東日本大震災への対応を含めて―」2013 年

長谷川洋昭・福島忍・矢野明宏編『社会福祉・医療従事者のための災害福祉論』青
　　踏社，2015 年

山崎丈夫編『大震災とコミュニティ』自治体研究社，2011 年

## ● 正しく怖がり，想像することの大切さ

時東ぁみ
タレント・防災士

被災したとき私はどうなってしまうのかと考えることがあります。普段はたくさん歩けて，重い荷物も持てて，健康そのものです。

しかし，いろいろ調べてみると「災害時要配慮者」という言葉が書いてあります。

この言葉が指す要配慮者は高齢者，障害者，子ども，傷病者などですが，被災時自分自身もこれにあてはまるようになるのでは？　誰しもがあてはまるようなことになるかもしれない。

救急車に乗れるけが人，病人は一人。しかし，大規模災害時には救急要請が地域全体で増え，本当に必要な人の機会を奪ってしまうことになりかねないと。

普段ならちょっとした怪我でも大丈夫なことが災害時には大事になり得ます。

避難所でも，今まで症状のなかったアレルギーなどに見舞われるかもしれない。

怖がるだけでなく，きちんと怖がりながら想像をしてみることが大切です。

災害支援体制を整えることは大切なこと。行政も力を入れています。

ただ，その前に私たちがどれほど普段から怪我をしない，病気をしないことに努めるかが大切です。

一刻も早く日常生活に戻れるように活動することも。

私は要配慮者じゃないから関係ない，うちには要配慮者がいないから大丈夫。ではなく，そうなるかもしれないと想定をしての心の備えを。

そして，近くに要配慮者がいれば声をかける心の余裕を持つこと。

上記の要配慮者にかかわらず，支援が必要だと思われる人が近くにいたら配慮を。

猛威を振るっている感染症で，人と会話することも笑顔を作ることも忘れかけている昨今。どんな状況であっても人の支えなしでは生きていけないことを念頭において，あらゆる災害に備えたい。日常から「自助」「共助」「公助」を，それぞれができることを考えていきたいものです。

facebook
「防災士　時東ぁみ」

オンラインサロン
「時東ぁみの防災ミーティング」

*column*

# 第2章　災害と救援の歴史

## 第1節　災害死者と人命救助

### ▶ 1. 日本における過去の自然災害による死者数

　全世界で発生するマグニチュード8以上地震の20%は，日本の周辺で起きている。表2-1は，1896（明治29）年以降の自然災害による死者数（死者1000人以上の災害）を示している。2020（令和2）年までの125年間で，いちばん犠牲者が多かったのは，関東大震災の10万5千人以上で，次が東日本大震災の2万4582人，次いで1896（明治29）年の明治三陸地震津波の2万1959人である。

表2-1　明治三陸大津波以降の自然災害による死者数（死者数1000人以上の災害）

| 1896年から25年区切り | 年月（西暦） | 災害名 | 災害種 | 死者数 | グラフ |
|---|---|---|---|---|---|
| I 1896〜1920 | 1896年 6月 | 明治三陸地震津波 | 地震津波災害 | 21,959 | 21,959 |
| | 1917年 9月 | 東北〜近畿地方風水害 | 風水害 | 1,300 | 1,300 |
| II 1921〜1945 | 1923年 9月 | 関東大震災 | 地震火災 | 105,000以上 | 105,000 |
| | 1927年 3月 | 北丹後地震 | 地震災害 | 2,925 | 2,925 |
| | 1933年 3月 | 三陸沖地震 | 地震津波災害 | 3,064 | 3,064 |
| | 1934年 3月 | 函館大火 | 火災害 | 2,166 | 2,166 |
| | 1934年 9月 | 室戸台風 | 風水害 | 3,036 | 3,036 |
| | 1942年 8月 | 周防灘台風 | 風水害 | 1,158 | 1,158 |
| | 1943年 9月 | 鳥取地震 | 地震災害 | 1,083 | 1,083 |
| | 1944年 12月 | 東東海地震 | 地震津波災害 | 1,223 | 1,223 |
| | 1945年 1月 | 三河地震 | 地震災害 | 2,306 | 2,306 |
| | 1945年 9月 | 枕崎台風 | 風水害 | 3,756 | 3,756 |
| III 1946〜1970 | 1946年 12月 | 南海地震 | 地震災害 | 1,330 | 1,330 |
| | 1947年 9月 | カスリーン台風 | 風水害 | 1,930 | 1,930 |
| | 1948年 6月 | 福井地震 | 地震災害 | 3,769 | 3,769 |
| | 1953年 6月 | 大雨（前線） | 水害 | 1,023 | 1,023 |
| | 1953年 7月 | 南紀豪雨 | 水害 | 1,125 | 1,125 |
| | 1954年 9月 | 洞爺丸台風 | 風水害 | 1,761 | 1,761 |
| | 1958年 9月 | 狩野川台風 | 風水害 | 1,269 | 1,269 |
| | 1959年 9月 | 伊勢湾台風 | 風水害 | 5,098 | 5,098 |
| IV 1971〜1995 | 1995年 1月 | 阪神・淡路大震災 | 地震火災 | 6,434 | 6,434 |
| V 1996〜2020 | 2011年 3月 | 東日本大震災 | 地震津波災害 | 24,582 | 24,582 |

出所：理科年表各年版および消防庁・警察庁発表資料より作成。東日本大震災は，2021年3月10日警察庁発表による。

本書の災害の対象は，自然災害の範囲に限定しているが，災害の社会学では一般に，災害とは，ある程度継続して，ある程度広い範囲の社会機能が機能不全におちいった状態のことを指し，いわゆる自然災害以外の大事故や戦争も含む。この広義の災害において，日本史上最大の災害は太平洋戦争である。兵員230万人，一般民80万人が犠牲となっている。

　125年間を25年間で区切ると，太平洋戦争終結の前後50年間に災害が集中している。地震や台風によって多発していた災害は，耐震強化や堤防・ダムの整備などによるハード面での対策により，防御されるようになった。

### ▶ 2. 災害死者と社会的脆弱性

　災害による死者数は，社会の対応状況により左右される。対応は，①ハードの対策，②まちづくりの対策，③ソフトの対策の3次元に分けることができる。社会的対応が進み効果を発揮すれば減少するし，逆に対応が不足していたり被害を助長する要因が作用していたりすれば被害は増大する。災害の被害は，社会の脆弱なところでより深刻になる。社会的脆弱性を可能な限り克服することで被害は小さくなり，死者数も減少する。災害の被害を算出する公式には2つある。引き算と掛け算である。後者の掛け算の公式は，社会的脆弱性の観点に立つアンソニー・オリバー・スミスやベン・ワイズナーの災害リスクの減圧—増圧モデルを，筆者が簡略化したものである。

（1）災害の引き算は次の式に示される。
a【「自然的要因」－ハードの整備・対策－まちづくりの整備・対策－ソフトの整備・対策＝被害】

　自然的要因をそのままにしておくと大災害となる。そこで，ハードの整備，まちづくりの整備，ソフトの対策で，被害の結果を少なくしようという公式である。

（2）災害の掛け算は次の式に示される。

b【自然的要因×社会的脆弱性（1±社会構造的な脆弱性，±地域的な脆弱性，±個々人の諸事情・行動選択の脆弱性）＝被害】

　自然的要因がもたらす被害は，社会の対応次第で少なくなったり，大きくなったりする。社会の各次元の脆弱性が高まると，自然的な要因を上回る被害がもたらされることになる。例えば，高齢化により避難行動要支援者が増大し，なおかつ地域社会における共助の力が減退しているところでは，被害は増大すると考えられる。社会的立場の弱いところにしわ寄せが行くので，そうした弱点をなくすことに焦点を当てる公式である。

　太平洋戦争後の日本の対応は，ハードの対策が主流であった。それにより，下流での水害が発生しないようにダムをつくり，また護岸や防潮堤を強化してきた。また，地震に耐える強度の建物を建設してきた。しかしながら，ハード面の整備だけでは人命を保護できないことが，阪神・淡路大震災や東日本大震災によって明らかとなった。ハード面でのレベルの向上のみならず，災害の予知や，まちづくりの工夫，そして地区ごとの自主防災計画による防災・減災の活動も視野に入れた総合防災の取り組みが重要になった。

## ▶ 3. 人命救助

　大災害の被災地の変動について，災害発生から復興にいたるまでのいくつかの段階に区切って考える必要がある。段階に応じて，とるべき対策の内容が異なるからである。最初は（1）「救急・救命」の段階，次に（2）「避難段階」，さらに（3）「応急居住段階」，そして最後にいちばん長く続く（4）「復旧・復興段階」の4段階である。この4段階について，吉川忠寛は，（1）と（2）をあわせて「緊急段階」とし，（3）を「応急段階」，（4）を「復旧・復興段階」とする3区分としている。

　最初の「救急・救命」の段階は，死者をいかに少なくするかに関わる緊迫した段階である。発災後の人命救助が迅速で効果的であれば，被災死者を減らす

ことができる。1985（昭和60）年の日航機の墜落事故では，事故現場の発見が遅れた。発見したのは群馬県の地元消防団であった。1995（平成7）年の阪神・淡路大震災の時は，兵庫県と自衛隊との連携が迅速であればと指摘された。

　人命救助において東日本大震災の時には，消防，警察，自衛隊の連携や，都道府県の災害派遣医療チーム（DMAT：Disaster Medical Assistance Team）の活用などの連携がとられた。岩手県では感染症対策チームが発足した。2014（平成26）年には全国規模で，精神医療・保健に対応する災害派遣精神医療チーム（DPAT：Disaster Psychiatric Assistance Team）も立ち上がった。消防，警察，自衛隊，医療・保健組織がそれぞれの職分と専門性を生かして連携することが不可欠である。

　東日本大震災の被災3県のうち，岩手県のケースを振り返ってみよう。岩手県では，2011（平成23）年3月11日の大地震後10分以内に，災害対策本部が立ち上がった。自衛隊への災害派遣要請は，14時52分に行われた。1995（平成7）年の阪神・淡路大震災の時に，兵庫県と自衛隊との連係は当初うまくいかなかった。そのことをよく知っているのが，東日本大震災の時に岩手県危機管理監の任にあった越野修三である。自衛隊と自治体との連携は，平素から構築しておくことが肝要である。こうした経験を踏まえ，大震災の約5年前に着任した越野は，(1) 行政と自衛隊との関係を「顔の見える付き合い」にしておく，(2) 非常時における活動拠点を事前に決め，展開訓練をしておく，(3)（発災後）自衛隊の司令部を県庁内に設置した，(4) 各機関の連携を重視した訓練を実施する，である。

　発災日の17時30分には，厚生労働省にDMATの派遣要請を行った。3月12日早朝には，岩手県内にDMAT20個チームが，日本赤十字社内にDMAT2個チームが運用可能となった。12日の朝には，防災ヘリ8機（夕には15機）と自衛隊ヘリ15機が運用可能となった。ヘリコプター運用の基本方針も定めた。「①命にかかわる重病者や疾病者等の搬送を第一優先とする。②DMATの現場や病院への患者等の搬送は防災ヘリコプターが担当する。③孤立地域からの救助や支援物資輸送，火災の消火は自衛隊ヘリコプターが担当す

る。④現時点では救助を求めている場所が判明しているところから逐次救助活動を実施するが，現場において救助が必要という状況があれば，臨機応変に判断して行動する[1]」。

　かくして，東日本大震災において，自衛隊災害派遣は，過去最大となった。派遣実績では，のべ1066万人余の人員が任にあたった。（人員1066万4870人，航空機5万179機，艦艇4818隻）。これは，阪神・淡路大震災1995年（人員225万人，航空機1万3000機・艦艇679隻）の派遣を，大幅に上回るものであった。阪神・淡路大震災の経験が生かされたのである。

　ところで，震災の当日は，三陸沿岸に大津波が押し寄せ，流された家や瓦礫に乗ったまま引き波によって沖に流される人もいた。津波が押しよせた直後から，救助用のヘリがもっと数多く人命救助にあたっていれば，さらに助かる命があったのではないかと思われる。

## 第2節　災害時コミュニティ

### ▶ 1. 被災者による災害時コミュニティという公共圏が形成される

　大規模災害発生時は，通常において成立している各種公務員や公職者によって担われている公共圏が機能不全におちいる。行政一般から警察，消防にいたる対応のニーズが，限度をはるかに超えるからである。公共部門を担う人たち自身が被災者であることが広く発生する。また，発生時間帯も一様ではないので，発生時間帯によっては，さらに限られた部署の者しか対応できない。人手が足りないし，誰かを頼りにしていたのでは間に合わない。土砂災害や津波のように，発災危険予知から発生までの時間が短い災害もあり，危機的な状況が生じる。

　宮城県沖の地震を想定した岩手県三陸沿岸では，大地震発生後，20分以内に避難することが想定されていた。しかし，1993（平成5）年に200人余の犠牲者を出した北海道奥尻島では，地震から6分後に大津波が押し寄せている。地震発生の時間帯においても，阪神・淡路大震災は早朝，関東大震災はお昼時，

東日本大震災は午後の日中，奥尻島は晩御飯の時間，そして昭和三陸大津波は深夜と多様である。日中勤務の公務員が勤務中である時間帯は，以上の5ケースのうち2ケースのみである。

　こうした中で，機能不全におちいった公共圏が，一定の範囲の地域社会の人々により形成される。災害ユートピアである。小規模の災害であれば，消防，警察等の専門機関の通常の対応で解決できるが，大規模災害の場合は，自治体行政の対応が困難である。そこで地域住民たちは，行政に頼らずに，自らによる災害時コミュニティ的対処を繰り広げる。こうしたコミュニティ機能は，行政機能の穴埋めをするというよりも，地域によっては，災害文化に根差していて長く受け継がれている。

#### ▶ 2. 災害ユートピア

　災害時のユートピア（災害時の助け合いのコミュニティ）は，アメリカ合衆国の2001（平成13）年の9.11同時多発テロの際にも，2005（平成17）年のハリケーンカトリーナによる被災の際にも，みられたという。

　1995（平成7）年の神戸市では，消防や自衛隊による救出が多方面で展開されたものの，このような大規模災害時においては，対応のニーズが桁違いに大きく，救出を求めて生じている事態の一部にしか対応できなかった。このため，大地震発生後，倒壊した建物の中に取り残された人の，過半数は一般の人によって救出されている。東日本大震災時の岩手県大槌町吉里吉里地区では，第三分団第1部部長のIさんは地区住民とともに，津波最大波到達後，家の柱に挟まれた人々らを救出している。ここでも住民が公共の役目を果たしている。同じく，大槌町金澤地区では，津波に続いて起きた大火事によって大挙避難してきた町方住民と海から離れた地区の住民が協力し合って避難所運営をした。

　他方で，女性や子どもや他の少数派の人々にとって長居しづらいような状況も一部の避難所にはみられた。これについては，被災コミュニティ成立以前の通常期における地域社会の構造が関係している。被災前の通常期において，対立の要素を抱えていて地域社会が一枚岩になりにくい状況の時には，災害時の

ユートピアもゆがんだ構造におちいる可能性がある。被災地域全体が，被災後の短期間ののちに公共の秩序が回復するという予測や信頼感をもてる状況があり，被災者自身が極端に資源を奪い合わなければならないような状況が生まれないことが肝要である。

阪神・淡路大震災後の神戸市において筆者が聞き取った事例では，被災前からホームレスであった者が，避難所に入れなかったという話があった。一般の被災者と同等に扱われることがないと思い，避難所には入らず，相変わらず路上でテント暮らしを続けたのだという。

救急・救命段階の救援活動には，一定の専門技術が求められるが，そのような担い手が，災害時のコミュニティの中に現在していることも重要である。岩手県山田町大沢地区，山田町消防団第十分団分団長Oさんの活動によると，分団員 30 名が 22 か所の水門を閉めたのちに，消防車を高台の公民館（ふるさとセンター）へ避難させ，その後に発生した火事を食い止めた。その上で，被災から 1 週間のあいだは，不明者の捜索活動を継続した。山田町大沢地区では，消防団の担い手のうちかなりの部分を漁業者が担っており，3.11 の発災時である金曜日の午後の時間でも，作業場が地区内で職住近接なので地区内にいたのである。第一次産業従事者と自営業者によって支えられる消防団は，どのような時間帯でも力を発揮する。いつもたいてい地域の中に存在しているからである。消防団員の欠員もない。

### ▶ 3. 災害文化

同じ大災害に見舞われても，消防の位置づけが都市部と地方・農山漁村では大いに異なる。災害時の対策において通常，最も前面に立って対応するのか消防であるが，大都市部においては，常備消防（消防本部および消防署）が組織的に対応し，それと各地域の消防団が対応する。しかしながら，東日本大震災の沿岸部では，常備消防の人員はかなり限定されていて，地元消防団が災害現場の最前線に立つ状況が多かった。このことを物語っているのは，被災 3 県における消防団員や民生委員・児童委員の犠牲者の多さである。これらの人は，避

難に遅れた人を避難支援したり，救助したりしていた人たちである。

　この人々が，いかに懸命の活動をしたかは，被災3県の犠牲者をみるとわかる。消防団員では，岩手県が119人，宮城県が107人，福島県が27人，3県の合計で253人である（行方不明者を含む）。民生委員では，岩手県が26人，宮城県が23人，福島県が7人であり，3県の合計で56人となる（行方不明者を含む）。東北3県で甚大な被害をもたらした東日本大震災において，地震発生直後の段階から，消防団員，民生委員・児童委員の方がたの活動が注目された（もちろん他に，自治会・町内会のリーダーなどなど，多方面での活動者がいたことを忘れてはならない）。

　災害にはいくつもの種類があり，津波のような災害の場合，地震発生から津波到達までの時間的猶予がある。そして，この間に被害発生の事前的対処（予防的対処）や災害発生時の対処（避難行動・救助活動）をとる余地が地域社会の中にある。そうした活動の有無や内容が，災害の結果に一定の影響を及ぼしている。公共の使命を持った者のほか，ボランティアや民間の篤志家という立場で使命感をもって活動したことが，地震発生後のそれぞれの段階での減災や復興に貢献していると思われる。

### ▶ 4. 避難所運営

　災害時のコミュニティは，人命救助や行方不明者の捜索だけではなく展開された。被災から復興へといたる第2の段階である「避難段階」において，自身も避難者でありながら，瓦礫撤去をしたり避難所の運営を行った。岩手県大槌町において，避難所と認定されうる箇所は40数か所あったとみられる。このうち，数日間以上続いた避難所の全数にあたる43か所を対象に，岩手大学社会学研究室が調査を実施した。

　想定を超えた津波のなかで，指定の避難所の少なからずは被災し，また家を失い行き場を亡くした人が多く発生し，そうしたことも影響して，民間団体等による避難所が立ち上がった。避難所の設置主体をみると，地域内で自主的に発足した避難所という経過を反映して，避難所の設置主体のうち町や県は半数

を超えるくらいで，民間団体や神社仏閣・民家などの占める割合が高くなっている。

　被災した人が寝泊まりし，支援を求めて避難したり援助を求めた先は，(1)被災しなかった指定避難施設・公共施設（公民館児童館集会施設）であったり，(2)避難場所としか指定されていなかった箇所が避難所となった所であったり，(3)避難場所の高台が在宅支援の拠点となった所であったり，(4)被災したが避難所として運営された所であったり，(5)自主防災計画により避難所として運営された所であったり，(6)福祉避難所として受け入れ対応した所であったり，(7)民家であったり，(8)企業・事業所であったり，(9)車中であったりした。そして，それ以外には，親戚・知人，縁者などの個人宅であった。

　上記の避難所には，住民ではない通行中の避難者や，仕事場で被災した人や，大学の研究所関係者や，ホテルの観光客も避難した。こうした避難所へ自衛隊等による支援物資が届くのは早い所で3日目くらいからで，避難所として対策本部に認知されるのが遅れた所では2週間何も届かなかった。被災地全体ではいくつかの地域で道路が不通となった関係で，物資の供給が途絶するところもみられた。

　大槌町の避難所では，沢水や湧水を汲んだり，くみ取りトイレを活用したり，また自前のトイレをつくったり，プロパンガスを使って汁物をつくったり，近隣の被災していない農家から作物の提供を受けたりと，都市部では困難な，畑や川や山にある資源の恩恵を受け，そして，ろうそくや井戸などの活用により，一部の大規模避難所を別とすれば，電気や上水道に依存しなくても耐えしのげる体制を構築していた。


## 第3節　ボランティアによる救援


### ▶ 1. 避難者への支援，避難所支援

　避難者は，岩手県と自衛隊の連携による，(1)物資輸送支援，(2)給食支援（炊き出し），(3)給水支援，(4)入浴支援，(5)瓦礫撤去などの支援を受けつつ，

多くの場合避難所を自主運営した。自分たちで調理することにした避難所では，生米の供給を受けた。自衛隊は，被災者の心のケアに対処するため，女性自衛官による (6) お話し伺い隊の活動を展開した。

　各避難所は，行政を経由した支援物資のほか，数々の物資の支援を，様々なレベルの支援者から受け取ることとなる。大槌町では，保健師・看護師・医師など医療関係の支援者が，避難所を拠点として，保健・医療面での支援活動を行ったり，パレスチナ難民支援の NGO が，子どもの支援をするなどの活動が目に付いた。こうした災害弱者に目も向ける点は，阪神・淡路大震災から続く，ボランティア等による支援の多様化や充実によるものである。提携を結ぶ他の自治体からの支援や，企業系の支援もあれば，NGO・市民団体系の支援もあれば，縁故による団体・個人の支援もみられた。神社仏閣や社会福祉法人などは，関係団体や同業者団体からのまとまった支援を受けていた。かくして避難者は，県や自治体そして自衛隊の支援のほか，数々の次元のボランティアと交流することになった。

### ▶ 2. ボランティアによる救援の動向

　避難所の運営のサポートや，瓦礫撤去などに労力を提供したいなどのボランティアは，社会福祉協議会 (社協) 経由で被災地のニーズにこたえる活動に加わる。他方で，社協とは別にコーディネート的な機能を果たす NPO 等や大学のボランティアセンターを経由して，支援活動に加わるボランティアが，たくさん訪れるようになった。被災地には，県外からのボランティアを受け入れる中継的な機能を果たす NPO や一般社団法人などが誕生した。

　ボランティアは多様化し，(1) 被災地で活動するボランティア，(2) 募金や物資等を提供するボランティア，(3) 情報ネットワーク上で活動するボランティアなども活躍した。阪神・淡路大震災で注目されたのが，情報ボランティアであり，必ずしも被災地に出向くことなく情報発信支援や，支援を受けたい人と支援を提供したい人とをマッチングさせる活動が注目を浴びた。

　東日本大震災発災後，被災 3 県のボランティアセンターを経由したボランテ

表2-2　被災から復興の諸段階における各部門の活動内容

| 4段階 | 災害ボランティア | 災害時コミュニティ | 公的機関（行政，消防，警察，自衛隊，DMAT等） |
|---|---|---|---|
| (1) 救急・救命段階 | 被災状況の把握，知人の安否確認<br>被災地情報の発信<br>被災地支援ニーズの把握<br>支援ニーズへの対応の準備 | 避難誘導・支援<br>安否確認<br>人命救助活動<br>避難所の設置・運営<br>傷病者搬送 | 避難広報<br>対策本部の設置<br>必要派遣要請<br>被災情報の収集<br>人命救助活動<br>傷病者搬送<br>避難所の設置・運営 |
| (2) 避難段階 | 家屋の片付け，清掃<br>瓦礫，土砂の除去<br>給水・救援物資支援<br>救援物資の仕分け，配給支援<br>避難所での炊き出し・支援<br>避難所の運営支援<br>資機材，物資の提供<br>避難所での懇談（お茶っこ）<br>避難所でのレクリエーション・演芸<br>避難者のケア・リラクゼーション<br>子ども・女性・高齢者への支援<br>無線・インターネットによる情報発信<br>環境整備，花壇づくり | 救援物資調達（食料，水，トイレ，暖房器具，調理器具，寝具，発電機，灯り）<br>情報メディア対応<br>救援物資の備蓄<br>対策本部の組織化（①本部，②総務・情報班，③避難班，④消火班，⑤施設管理班，⑥物資・燃料班，⑦救護・救援班（班名は例示）） | 火災への対応<br>行方不明者捜索<br>ライフラインの復旧<br>物資輸送支援<br>給食支援<br>給水支援<br>支援ニーズの把握<br>瓦礫の撤去<br>治安維持<br>被災者・支援者への広報<br>避難所代表者会議の開催<br>避難者の健康診断・ケア |
| (3) 応急居住段階～<br>(4) 復旧・復興段階 | 災害ボランティアセンターの運営補助<br>ニーズの電話・通信受付<br>広報紙，チラシ配布<br>ペット，家畜の世話<br>託児，遊び相手<br>傾聴訪問活動<br>健康相談，心のケア<br>病院等への移送，送迎支援<br>物資輸送支援<br>パソコンによる情報発信<br>引越し支援<br>理容，美容，マッサージ<br>復興支援の企画イベント<br>コミュニティFM情報発信 | 住宅再建<br>自治会活動の活性化<br>心配な方への定期的訪問<br>健康維持の活動<br>レクリエーションサークル活動<br>避難要支援者の把握<br>新たな自主防災計画の策定<br>災害時の交流の継続・発展<br>災害文化の継承<br>慰霊・鎮魂<br>避難生活を支えた自然環境の維持 | 住宅の確保<br>生活への支援<br>衛生環境の確保<br>情報通信の確保<br>公共施設の復旧<br>健康管理<br>生活福祉資金<br>高齢者，障害者への対応<br>仮設住宅の設置 |

ィアの数は，2011（平成23）年5月に18万2400人を数え，ピークを迎えた。その後，同年9月には10万人を切った。翌2012年月には2万人を切り，3月のメモリアルな月に少々上昇したものの，被災3年目の2013（平成25）年1月からは，1万人前後で推移している。この減り方は，阪神・淡路大震災のボランティアの減り方に比べても急激という指摘もある。

被災後10年を経過してもなお，被災者に寄り添い，傾聴活動をしたり，交流する活動への支援ニーズは依然低くないと思われる。実際筆者らの調査でも，いまだ「心の平穏」にいたらずという人の割合は，非常に高い（6割から7割）。支援者―非支援者という関係でない，対等な交流の展開が望まれるのではないかと思われる。

**表2-2**は，被災から復興までの諸段階における活動内容の主だったものを記している。自衛隊の災害派遣の役割は，救急・救命段階および避難段階が中心で，発災から約5か月後の7月下旬に自衛隊は撤収した。その一方で，それ以降も，実に多様な救援活動が継続していることにも注目してほしい。大災害の発災から復興へと歩む過程は，次の災害への備えの段階へと移行していく。

---

〈演習課題〉

1. 阪神・淡路大震災や東日本大震災や熊本地震災害で支援活動を行った，もしくは現在も継続している団体を一つ探して，その団体がどのような活動を展開してきたのか調べよう。
2. 東日本大震災の被災自治体のうち一つを選んで，その市町村の復興の現状を知る資料を集めて検討してみよう。
3. 『令和2年7月豪雨』では，熊本県は県外からのボランティアを受け入れない方針を決めました。この決断の賛否ならびに，受け入れずにどのように救援できるのかについて，論点を整理してみよう。

---

注

1) 越野修三『東日本大震災津波　岩手県防災危機管理監の150日』ぎょうせい，2012年，p.78

**参考文献**

浦野正樹・大矢根淳・吉川忠寛『災害コミュニティ論入門』弘文堂，2007 年

大矢根淳・浦野正樹・田中淳・吉井博明『災害社会学入門』弘文堂，2007 年

越野修三『東日本大震災津波　岩手県防災危機管理監の 150 日』ぎょうせい，2012 年

レベッカ・ソルニット，高月園子訳『災害ユートピア』亜紀書房翻訳ノンフィクションシリーズ，2010 年

防衛省『平成 26 年版　防衛白書』2014 年

麦倉哲ほか「大震災被災地域にみられた救援・助け合い文化」『岩手大学教育学部附属教育実践総合センター研究紀要』第 12 号，岩手大学教育学部，2013 年，pp.15-28

麦倉哲「東日本大震災の被災から復興における『脆弱性』と『社会階層』―暮らしの面と心の平穏の面に焦点を当てて―」数理社会学会『理論と方法』第 54 号，2013 年，pp.269-288

麦倉哲・浅川達人・野坂真「岩手県大槌町災害復興公営住宅入居者の精神の健康状態―WHO-5 調査による分析―」『日本都市学会年報』Vol.51，2018 年，pp.375-383

麦倉哲・野坂真・浅川達人『《2019 年度》大槌町災害復興公営住宅入居者調査　調査結果報告書』2021 年 2 月

麦倉哲・吉野英岐「岩手県における復興プロセスと課題」『社会学評論』（特集号　東日本大震災 3 年目のフィールドから），日本社会学会，2013 年，pp.402-419

ベン・ワイズナー，岡田憲夫監修『防災学原論』築地書館，2010 年（原著 2004 年）

# ● 災害と自衛隊

荒木和博

拓殖大学海外事情研究所教授・元陸上自衛隊予備陸曹長

　最近，災害救援と言えば自衛隊にお呼びがかかる。東日本大震災での活躍は国民にも広く知られ，あのころから一般の人も迷彩服に違和感を覚えなくなってきたのではないだろうか。それは良いことなのだが，軍隊としての本来の任務がおろそかにされていないかという懸念もある。地震・風水害・火山の噴火はもちろん，鳥インフルエンザや口蹄疫となれば殺処分に駆り出され，最近では新型コロナウイルスへの対応にも従事している。

　筆者は 2019（平成 31）年まで予備自衛官だった。東日本大震災の翌日，自衛隊東京地方協力本部（自治体及び関係部外機関との連絡調整などを実施する組織）から電話があり，「災害派遣に行けますか」と聞かれた。もちろん「行きます」と答え，勤務する大学では学長に事情を説明し，「わかった。自分が責任を持つから行ってきなさい」と言ってもらったのだが，その後出頭命令はいつまで待っても来なかった。

　首都直下型地震が起きる可能性があったということもあるのだろうが，実は予備自衛官を災害に派遣することがそれまで想定されていなかったことが一番大きな理由だったと思う。大学では職員から「あれ，先生行かないのですか」と聞かれて何とも格好が悪かった。予備自衛官仲間の中には声がかからないのに失望して退職した人間もいた。

　その後予備自衛官も災害派遣に動員されるようになり，社会的認知も進んだのだが，「自衛隊は便利屋で良いのか」という思いはぬぐいきれない。災害派遣も主たる任務の一つであるとはいえ，やはり軍隊として本来やるべきことは国防であろう。拉致被害者は取り返せない，尖閣は危ないといった状態で災害派遣ばかりあちこち使われることは本来の姿ではないように思うのである。

*column*

# 第3章　災害支援の制度と行政

## 第1節　わが国の災害支援と法制度

### ▶ 1. 災害支援の責務

　災害時，国民の生命，身体，財産を保護し，それを救済する責務は国や地方公共団体など行政にある。日本国憲法第25条では，国民は健康で文化的な最低限度の生活を保障されており，同条第2項で「国は，すべての生活部面について，社会福祉，社会保障及び公衆衛生の向上及び増進に努めなければならない」と定められている。地方公共団体も地方自治法で住民の福祉を守ることを基本的な役割として規定されており，非常に重い責務を有している。

　特に1995（平成7）年に発生した阪神・淡路大震災では死者の半数は高齢者であり，介助者を失った障害者が自立困難となる例も報告され，日本語に精通しない外国人にも大きな被害があった。2011（平成23年）年に発生した東日本大震災はじめその他の災害でも同様の傾向にある。また，阪神・淡路大震災以降，災害の外傷性ショックや圧迫，焼死，水死などの直接死に加え，高齢者・障害者が被災後の劣悪な環境下で衰弱し亡くなる災害関連死（震災の場合は震災関連死という）も大きなテーマとなっている。そこで本章では，災害支援の制度と行政と題し，福祉の視点から災害支援全般における制度と行政の役割について概説したい。

### ▶ 2. 災害支援の法制度

　わが国では過去の災害の教訓をもとに多くの災害対策に関わる法整備が行われてきた。特に災害対策基本法はその中心的役割を果たしており，国や地方公共団体における防災行政や行政による災害対応全般について規定している。

この災害対策基本法では，行政の災害対応について，災害発生前に災害の被害の回避や軽減を図る「災害の予防」，災害発生後の被災者の救助や被災生活を支援する「応急対策」，そして被災者の生活再建や社会基盤の回復を図る「復旧・復興対策」の3つのフェーズにわけて規定。過去の災害対応や復旧・復興までの教訓や経験を次の災害の予防や被害の軽減，災害支援に活かす循環的な枠組み—災害マネジメントサイクルが形成されている。

災害支援全体の法体系では，災害対策基本法が予防期から応急対策，復旧・復興までの全般的かつ包括的な制度設計を規定する一方，応急対策期までの被災者支援については災害救助法，復旧・復興段階では被災者生活再建支援法や災害弔慰金の支給等に関する法律（災害弔慰金法），災害被害者に対する租税の減免，徴収猶予等に関する法律（災害減免法）など，支援の内容やフェーズに応じた法律が定められている。

## ▶ 3. 国と地方公共団体の防災行政

国と地方公共団体の防災行政の基本的な枠組みについて災害対策基本法によって以下7つの点から規定されている。

### (1) 防災に関する義務の明確化

災害対策基本法では第1に，国及び都道府県や市町村に対して，災害時における国民，或いは住民の生命，身体，財産を保護する責務を規定している。

また，中央省庁を指定行政機関として定めているほか，独立行政法人や公益的事業を営む法人を指定公共機関と位置づけ，行政以外の法人についても災害対策における責務が付与されている。都道府県や市町村でも，それぞれ政府の出先機関を指定地方行政機関，公共性の高い事業を営む法人を指定地方公共機関とすることが規定されている。

### (2) 防災に関する組織

第2に，国に内閣総理大臣を会長とし，国務大臣，指定公共機関の代表者，

有識者で構成する中央防災会議，地方公共団体に都道府県知事や市町村長を長とする地方防災会議を組織すること。災害時は国に非常（緊急）災害対策本部，被災都道府県・市町村それぞれに災害対策本部を設置することが規定されている。

## (3) 防災計画制度

第3に，災害対策基本法では国（中央防災会議および指定行政機関），指定公共機関，都道府県，市町村に対して防災計画の策定を義務付けている。国の防災計画としては，中央防災会議で定める政府全体としての防災基本計画と指定行政機関すなわち各省庁の防災業務計画の2つがある。また，指定公共機関にも防災業務計画の策定が義務付けられている。また，地方公共団体では，都道府県，市町村それぞれに地域防災計画を策定することが規定されており，各都道府県及び市町村等では定期的な見直しが行われている。これら一連の防災計画の枠組みを防災計画制度という。

## (4) 災害対策の推進

第4に，災害対策基本法では災害対策の推進に向け，国，指定公共機関，都道府県，市町村の役割や権限を明記している。特に防災対策の一次的責任を負うのは被災者に最も身近な行政である市町村の役割とされており，市町村長に大きな権限が付与されている（防災における市町村中心の原則）。一方，緊急時に市町村がその責務を行えないとき，都道府県は市町村の責務を代行する権能を有することが規定されている。

## (5) 被災者保護対策の推進

第5に，災害対策基本法では市町村に高齢者や障害者，乳幼児その他特に配慮を要する者を「要配慮者」と定め，その中で災害発生時に避難支援を要する「避難行動要支援者」の名簿を事前に作成するよう義務付けること。また，市町村職員または民生委員・児童委員が要支援者との協議によって避難方法を定

める個別計画を作成できること。さらに，被災者が津波や洪水など切迫した危険から安全を確保するための指定緊急避難場所（学校，津波避難タワー，高台など），被災者が災害の危険がなくなるまで長期滞在する指定避難所（小中学校体育館，公民館など）となる施設を一定の基準に基づき，あらかじめ指定すること。加えて災害により住宅の被害のあった者から申請があった場合，遅滞なく被害の程度を調査し，罹災証明書（被災者生活再建支援金の申請や地震保険の保険金の請求に必要となる）を発行すること。さらに被災者の状況を行政として一元的に把握するための被災者台帳の整備について規定している。

### (6) 財政金融措置

　第6に，災害対策基本法では，災害予防及び応急対策上の費用負担は，それぞれ実施主体となる都道府県，市町村等の負担となっている。ただし，非常に激甚な災害に対しては，激甚災害に対処するための特別の財政援助等に関する法律（激甚災害法）に基づき，国から地方公共団体に対し特別の財政援助や助成等を行うことを規定している。

### (7) 災害緊急事態等

　第7に，災害対策基本法では内閣総理大臣は激甚な災害の場合に災害緊急事態を布告できることが規定されている。特に，国内の経済秩序を維持し公共の福祉を確保する緊急の必要がある場合，国会の閉会中であっても内閣として金銭支払期限の延期等，被災企業や被災者に対する経済的な支援を行うことが可能となる。また，災害の発生によって期限内に履行すべき義務等を免責する特定非常災害の被害者の権利利益の保全等を図るための特別措置に関する法律（特定非常災害特別措置法）が自動的に発効することが規定されている。

## 第2節　国及び地方公共団体による災害支援体制

### ▶ 1. 国の災害支援体制

　以下，災害支援を展開する行政の組織体制について概観したい。

国では非常（緊急）災害対策本部を中心として各省庁がそれぞれの防災業務計画に沿って被災者支援，被害軽減，復興対策を被災都道府県，市町村と連携しながら進めることになる。指定公共機関への指示・総合調整も重要な国の役割である。また，地方公共団体が対処できない場合には，国が災害復旧や災害廃棄物の処理の権限を代行する。

　政府の災害支援では各省庁から必要に応じて職員が被災地に派遣されるが，特に大規模なものは自衛隊の災害派遣である。海上災害では海上保安庁の特殊救難隊が派遣されるほか，警察庁から全国の都道府県警察から編成された警察災害派遣隊が，総務省消防庁からは全国の消防本部から招集された緊急消防援助隊が派遣され救助や避難誘導等にあたる。

　特に災害医療の面では，現在，全国規模で活動展開できる組織は自衛隊と指定公共機関たる日本赤十字社の2つのみである。ただし常設の組織ではないが，近年は国の防災基本計画に基づき，あらかじめ登録及び必要な研修を受けた医師，看護師，福祉専門職を専門家チームとして編成し，被災地に派遣し支援を行う体制が形成されている。

### ▶ 2. 都道府県の災害支援体制

　都道府県は被災地市町村の体制・資機材では対応できない事態に必要な支援を行う。

　都道府県知事を本部長とする災害対策本部が設置され，被災市町村と連携により災害救助を行うほか，都道府県管理の道路や施設の復旧，国との調整や自衛隊への災害派遣の要請や警察，消防，日本赤十字社等との調整。また，出先機関たる保健所と連携し，被災地に医療救護班を派遣するなど保健医療の総合

表3-1　被災地に派遣される医療／福祉分野の専門チーム一覧

| 派遣部隊 | 職　務 |
|---|---|
| 災害派遣医療チーム<br>DMAT | **災害派遣医療チーム**（DMAT：Disaster Medical Assistance Team）は医師や看護師，救急救命士やその他医療従事者・医療分野の事務に通じる関係者で構成される災害医療のために活動する専門家組織である。厚生労働省がその事務局を務める DMAT を特に日本 DMAT という。医療従事者のうち事前に登録され災害急性期に活動できる機動性があり，トレーニングを受けた者が被災地に入って救命医療や手当にあたる。都道府県単位でも都道府県 DMAT が組織されている。DMAT 隊員養成研修を修了した日本赤十字社の救護班は日赤 DMAT と呼ばれており，都道府県 DMAT に属して活動する。このほか，日本医師会がつくる日本医師会災害医療チーム（JMAT：Japan Medical Association Team）も組織されている。 |
| 災害派遣精神医療チーム<br>DPAT | **災害派遣精神医療チーム**（DPAT：Disaster Psychiatric Assistance Team）とは，精神科の医師や看護師，業務調整員で構成する災害時精神医療に従事する専門家組織。厚生労働省の委託事業として公益社団法人日本精神科病院協会に DPAT 事務局が組織・運営されている。主に災害発生後，被災地に入り，精神科病院の患者ケアや被災者の精神疾患発症の予防及び対処にあたる。 |
| 災害時健康危機管理支援チーム<br>DHEAT | **災害時健康危機管理支援チーム**（DHEAT：Disaster Health Emergency Assistance Team）とは，都道府県や指定都市の専門的な研修を受けた公衆衛生に関わる医師，保健師，薬剤師，業務調整員，管理栄養士，精神保健福祉士，臨床技術者などおもに保健所職員で構成する専門家組織。災害時健康管理チームともいう。<br>災害時に被災地の保健医療行政の指揮調整機能等を支援する専門チームとして，被災者の健康確保に向けた支援や避難所での支援物資の配置等に関しても助言を行う。DMAT や DPAT の調整役としての役割も担う。 |
| 災害介護派遣チーム<br>DCAT/DWAT | **災害介護派遣チーム**（DCAT：Disaster Care Assistance Team）とは，介護福祉士，介護福祉専門員（ケアマネジャー），社会福祉士，看護師，理学療法士，精神保健福祉士，保育士その他介護職員などで組織された専門家組織。**災害派遣福祉チーム**，**災害福祉支援チーム**（DWAT：Welfare Assistance Team）ともいう。DMAT と異なり法的位置づけはなく民間によるチームである。長期避難者の生活機能低下や介護の重度化など二次被害を予防するために指定避難所や福祉避難所を中心に活動する。特に避難所，福祉避難所や介護事業所などでの福祉ケア，生活環境に配慮した支援活動に従事するほか，福祉ニーズの収集や情報発信なども行われる。都道府県単位で組織される災害福祉広域支援ネットワークなどで派遣体制づくりが行われている。 |

出所：特定非営利活動法人日本防災士機構『防災士教本』（第2版第2刷）2019年を参照し筆者作成

調整を行う。また，都道府県では平時から災害拠点病院を指定しているほか，都道府県の災害派遣医療チーム DMAT が主体となって被災地の医療支援や重傷者数が多い場合に被災地の外に開設された広域医療搬送拠点（主として空港，大規模空き地，自衛隊基地等が多い）への搬送を行う体制づくりが進められている。このほか，都道府県の保有する公共施設や学校，都道府県の協定先の施設では，帰宅困難者の待機する一時滞在施設として，都道府県立の公園は大規模延焼火災などから避難するための広域避難場所として提供するなどの措置も取られる。都道府県警察では，市町村長の出動要請によって被災者の救助活動，避難誘導を行うほか，警察車両や消防車両など緊急自動車が通行する緊急交通路の確保ほか交通の安全及び管理，遺体の検視，生活安全や治安維持などが重要な役割となる。

### ▶ 3. 市町村の災害支援体制

　市町村は被災者に最も身近な行政であり，災害支援の一次的責任を負う。

　住民への避難指示，高齢者等避難などは市町村長によって発令されるほか，消防本部，消防団や水防団による救助活動，避難誘導等が行われる。また，市町村は避難場所の確保，物資の調達や被災者への情報伝達はじめ小中学校等における避難所の開設運営，被災者の生活支援，避難行動要支援者の支援など第一線の立場で責任を負っている。市町村の具体的な災害支援については次節で詳述する。

## 第3節　災害支援における実相と展望

### ▶ 1. 災害のフェーズに応じた被災者支援

　以下，特に大規模地震を例にフェーズ区分に応じた災害支援の実務について概説する。

## (1) 応急対策期（緊急対応期）

　特に災害発生直後から3日間は被災者の生命の安全確保が優先される段階である。

　大規模地震発生時は，火災はもちろん，建物の倒壊に伴って住民の生き埋めや避難路がふさがる道路閉塞（どうろへいそく）が多数発生する。大地震発生時の生き埋め者の捜索では救助活動の生存率が高いのは発生後72時間以内つまり3日以内とされる（72時間の壁）。また，津波等が発生した場合には早急に沿岸部から遠く，または高台への避難が必要となる。

　災害発生後，市町村長から命令や要請を受けた警察，消防による救助活動や避難誘導が開始される。大規模災害の場合，要請を受けた自衛隊が災害派遣されるほか，海上保安庁特殊救難隊も被災地に派遣される。日本赤十字社も都道府県の要請または独自の判断によって救護班を派遣し，早ければ当日もしくは翌日には救助活動を開始する。

　なお，被災者の避難方法としては市町村が事前に定めた指定緊急避難場所に移動し，そこで家族や近隣住民同士を単位として安否確認し，在宅のまま生活が可能であれば自宅に留まって生活する（在宅避難）。自宅に留まることができない被災者は順次，開設された指定避難所で生活し，在宅避難者を含め避難者に水，食料，最低限の日用品等が供与される。ただし，避難所に火災や津波など二次災害の危険が迫る場合，広域避難場所への避難が必要な場合もある。傷病者には市町村の医師会等が小中学校に医療救護所を開設し，傷病の程度によって治療の優先度を判断するトリアージを実施。重症者に関しては災害拠点病院，中等症者は災害拠点連携病院に搬送するほか，救護所内で医療の必要性の高い者から応急手当を行う。市町村ないし社会福祉協議会やボランティア団体による災害ボランティアセンターが立ち上がるのも発災72時間以内である。

## (2) 応急対策期（応急復旧期）

　災害発生4日目から3〜6か月程度までの期間における課題は主に被災者の生活安定である。災害発生後，市町村の人口に応じた住宅の滅失が一定以上に

達する場合，災害救助法が適用され，救助の程度，方法，期間は内閣総理大臣が定める政令によって都道府県知事が定めるところにより現物をもって被災者に支援が行われる。警察，消防，自衛隊，海上保安庁，日本赤十字社，DMATほか医療福祉の専門チーム，ボランティアの増援が徐々に到着するのもこの時期である。

避難所では徐々に社会福祉・医療従事者による保健活動や入浴支援等も始まる。要配慮者についてもまずは指定避難所に入ってから，保健師等の判断により避難所の一角に開設された福祉避難室，または福祉施設等に設置された福祉避難所（2次避難所）への転居，避難所生活が医療・福祉施設への緊急入所のいずれかの措置が取られる。なお，現在，国では福祉避難所に直接避難できる仕組みづくりが検討されている。

ただし，小中学校に開設される避難所に関しては学校再開の必要上，恒久的利用は難しい。収容人数にも限界があり，生活環境もけっして快適ではない。また，避難生活が長期化すると生活不活発病，心血系疾患，高血圧，肺炎などの呼吸器系感染症，胃潰瘍などのストレス病の発症，さらに災害関連死の危険性も高まる。そのため，特に要配慮者については行政，民生委員・児童委員，福祉関係者，近隣住民等の見守りとケアが期待される。

なお，発災後20日以内に都道府県や市町村による応急仮設住宅の建設がはじまるが，通常，2年以内の居住を前提に設計されるものであり，より長期的な居住が可能な災害公営住宅も並行して建設され，完成後は順次，世帯別に転居が始まる。要配慮者には福祉応急仮設住宅や高齢者ケア付き住宅（シルバーハウジング）などへの転居が進められる。ただし，これらの住宅は郷里から離れた地域となることも多く，被災者が慣れない土地で孤立し孤独死に至るケースもある。よって市町村では引き続き社会福祉・医療従事者やボランティア，近隣住民と連携した見守り，あるいはコミュニティ形成の支援，生きがいづくり等の支援が必要である。

## (3) 復旧・復興期

　災害発生後，6か月以降の期間を復旧・復興対策期という。引き続き被災者への生活支援や保健活動の実施も行われるが，徐々に被災者の生活再建に向けた段階となり，国，都道府県，市町村がそれぞれ必要な経済的支援を実施する。特に被災者が生活基盤に著しい被害を受けた場合，被災者生活再建支援法に基づき都道府県から拠出された基金を財源とする被災者生活再建支援金が給付される。同支援金は被害の程度に応じた基礎支援金と建設や購入を企図する場合の加算支援金に分けられ，給付の可否と金額は，市町村から住居の被害の判定を受けて交付される罹災証明書がその判断基準となる。

　また，災害で家族を失った者に対しては災害弔慰金の支給等に関する法律（災害弔慰金法）に基づき国から遺族に対して災害弔慰金が一定の要件に基づき給付される。

　このほか，災害弔慰金法では，対象となる自然災害で身体に一定の障害が残った者に対して市町村から災害障害見舞金が支給される。支給額は重度の場合，生計維持者は250万円，それ以外は125万円となっている。同じく災害弔慰金法では被災者に災害援護資金の貸付について規定している。これは，都道府県内で災害救助法が適用された市町村が1つ以上ある災害を対象とするもので住居の損壊の程度に応じて，最大350万円を上限として貸付が行われる。以上，災害弔慰金，災害障害見舞金，災害援護資金制度の実施主体は市町村である（支給額は2021年度現在）。

　また，日本赤十字社，中央共同募金会，都道府県共同募金会，日本放送協会（NHK），NHK厚生文化事業団，報道機関等を通じて寄せられた災害義援金への寄附も都道府県義援金配分委員会の決定に基づき，被災地市町村を通じて被災者に配分される。配分額は住宅の損壊の程度に応じて全壊，半壊など世帯別の事情に応じて行われる。

　納税手続きについては，災害減免法に基づき税務署への申請によって申告期限の延長，予定納税の減額，所得税の軽減等の減免が行われるほか，地方税も減免等の対象となる。また，電力会社，ガス会社，水道局，NHKなどでも公

共料金の減免制度が設けられている。

このほか，都道府県，市町村による被災世帯の子女の就学支援として給付金や授業料減免，日本政策金融公庫などの教育ローン，公共職業安定所（ハローワーク）による失業した被災者への職場適応訓練費等の給付，児童扶養手当の特別措置，被災企業の事業再建への融資など様々な支援が整備されている。

## ▶ 2. 災害支援の展望

本章では災害支援における制度と行政の対応について概説した。しかし，行政の支援にも限界があり，災害初期ほど公的支援が届きにくいのが実情である。特に大規模地震発生時は，しばしば被災地市町村も庁舎が複数破壊され，東日本大震災では町長以下幹部職員が多数死亡したケースも見られるなど，行政機関自体がマヒ状態となる場合もある。その意味で被災地を中心に国や被災地以外の都道府県，市町村，関係機関を含めた行政機関同士の災害時相互応援協定等に基づく応援・受援体制の充実がますます重要となる。同時に被災者自身の対策も必要である。その点，わが国では阪神・淡路大震災以降，住民同士の自助・共助と行政による公助の連携による災害対策の重要性が提唱されてきたが，近年では行政と地域の連携が進展しつつある。一つは2013（平成25）年の災害対策基本法改正によって，住民主体で策定された地区防災計画を市町村地域防災計画の一部に位置づけができるようになり，実際に策定する地域が徐々に増えていること。2点目に，町会役員など地域住民が避難所運営会議の一員として避難所開設・運営を主体的に取り組む動きが広がっていることだ。これらの進展によって災害対策における市町村と住民とのより緊密な協働が期待される。一方で，現代では町会役員など地域の担い手の高齢化や住民のコミュニティ意識の希薄化も起きており，行政としてコミュニティのあり方の再構築が必要であろう。

また，災害犠牲者を減らすにはやはり避難行動要支援者対策が欠かせない。特に現在，市町村では避難行動要支援者のための個別計画の策定がなかなか進んでいないことが大きな課題となっている。その要因として支援対象者がプラ

イバシーを理由に断るケースがあるほか，個別計画の策定をコーディネートする市町村職員や民生委員・児童委員のマンパワーの不足にも原因があるとの指摘もある。この点，2018（平成30）年以降，厚生労働省指針に基づき，都道府県単位で要配慮者への支援のための枠組み—災害福祉広域支援ネットワーク—の構築が進められている。また，2021（令和3）年からは，総務省で市町村の個別計画策定支援に向けて，介護事業者や介護支援専門員（ケアマネジャー）などの協力を得る仕組みも整備検討されており，専門的知見を踏まえた取り組みの強化が期待される。また，要支援者の避難支援では要支援者を安全に移動することが重要であり，その担い手となる町会や消防団，NPO，ボランティアなど避難支援等関係者との連携や訓練を通じた支援体制の充実が今後ますます必要となってくる。その意味で今日の災害支援とは，行政機関同士の連携もさることながら，多様な主体との協働していく視点が何より重要であるといえるだろう。

---

〈演習課題〉

1. 災対策基本法で市町村に作成が義務付けられた避難行動要支援者名簿と個別計画，具体的な避難行動要支援者対策の事例について行政資料やホームページを通じて学んでみよう。
2. 都道府県単位でつくる災害福祉広域支援ネットワークについて調べてみよう。
3. あなたが住む市町村の地域防災計画を閲覧し，災害福祉にあたる部署や災害時の対応について調べてみよう。

---

**参考文献**

富士通総研「災害福祉広域支援ネットワークの推進方策に関する調査研究事業報告書」厚生労働省，2019年

厚生労働省DMAT事務局ホームページ，http://www.dmat.jp/（2021年4月24日閲覧）

厚生労働省資料「災害時健康危機管理支援チームについて DHEATとは？」

総務省消防庁ホームページ，https://www.fdma.go.jp/relocation/e-college/senmon/cat2/cat/cat4/cat13/post-677.html（2021年4月24日閲覧）

DPAT 事務局ホームページ，https://www.dpat.jp/（2021 年 4 月 24 日閲覧）
特定非営利活動法人日本防災士機構『防災士教本』（第 2 版第 2 刷）2019 年
内閣府「避難行動要支援者に関する取組指針」2013 年
泉南市ホームページ，
　https://www.city.sennan.lg.jp/kurashi/bosai/bosai/1556186328816.html
　　　（2021 年 4 月 24 日閲覧）

# ■ ゴジラが街を襲う？〜想定外をなくすために〜

松田浩一
新宿区危機管理担当部長

　「想定外をなくす」東日本大震災以降，防災の取り組みとして，よく言われることである。しかし，想定しなければどんなことが起きるかわからないため，適切な対策を講じることができない。そこで科学的な被害想定を作ることになるが，最新の科学を活用して被害想定を作ってみても，残念ながら想定外の事象は必ず発生することになる。また，想定外をなくすといっても，例えば，日本全体が沈没するとか，地球が２つに割れるといった極端な想定をすれば災害対策は不可能となり，何をしてもしょうがないとみんなが諦めてしまって災害対策は進まないということになってしまう。では災害があるたびに繰り返される「想定外」という言葉をなくすためにどうしたらいいだろうか。

　災害対策には，ハード対策とソフト対策がある。

　ハード対策は，被害を発生させないためには有効であるが，費用も時間も膨大にかかるため，ソフト対策で補完することが必要である。発想法についてのユニークな取り組みとして，「ゾンビ避難所訓練」の事例がある。避難所がゾンビに襲われるというシナリオで真剣に対応する訓練である。新宿区でもゴジラが出没し，街が攻撃されたらどうするかという議論をしたことがある。あえてそのような非現実的な内容に取り組むことにより，想定外のことが実際に起こっても慌てず対応する心構えを持とうということである。

　こうした取り組みを積み重ねながら，発災時の対応力を向上させていくことが，少しでも想定外を減らしていくことにつながると思っている。

# 第4章　子ども家庭福祉分野における支援

　現代において，子どもは大切にされる存在であり，権利を持った主体である。同時に，子どもだからこその成長や可塑性など，大きな可能性を持つ存在である。しかしながら，その育ちは養育者や社会によって守られる必要があることから，虐げられやすい，脆弱な存在という側面も併せ持つ。災害は社会の弱い側面に強い影響を与えることから，子どもは最も影響を受けやすい主体の一つといえる。子ども家庭福祉分野に関わる支援者には，子ども期の特性を踏まえた上で，生命，成長，トラウマ，そして子どもが育つ環境，特に家庭環境への視座と支援の実施が求められる。

## 第1節　平時における取り組み

### ▶ 1. 子どもの社会的な位置づけ

　子ども家庭福祉において，子どもの権利と社会的な位置について理解しておくことは重要である。最も基本的なものとして，「児童福祉法」と「児童の権利に関する条約（子どもの権利条約）」を確認したい。

　日本における子ども家庭福祉の基本的な法律である「児童福祉法」では，第1条に「全て児童は，児童の権利に関する条約の精神にのつとり，適切に養育されること，その生活を保障されること，愛され，保護されること，その心身の健やかな成長及び発達並びにその自立が図られることその他の福祉を等しく保障される権利を有する。」と示されている。さらに，第2条では，国民全てに子どもの良好な関係における誕生や，意見の尊重，そして最善の利益が優先されることが明記された。また，子どもの育成には保護者が第一義的責任を負い，国および地方公共団体も保護者と共にその責任を負うことが示された。

　また，国際連合「児童の権利に関する条約（子どもの権利条約）」を日本は

1994（平成6）年に批准した。子どもを「保護の対象」ではなく「権利の主体」として認め，「子どもの最善の利益」を社会のあらゆるレベルで考慮されるべきことや，「意見表明権」や「市民的自由」などが規定されている。

### ▶ 2. 子ども家庭福祉に関わる資源の確認

「災害対策基本法」では，国，都道府県，市町村レベルで中央防災会議，都道府県防災会議，市町村防災会議を設置し，またその協議会を設置することになっている。加えて，防災会議を設定し，防災基本計画，防災業務計画，業務継続計画等を作成している。また指定行政機関，指定地方行政機関，指定公共機関等でも計画を策定している。また，「災害時の福祉支援体制の整備に向けたガイドライン」では，都道府県レベルのネットワーク会議であったり，災害派遣福祉チームなどが盛り込まれている。また，地域の専門職団体等が災害時対応ガイドライン等を作成している例もある。

児童福祉施設については「児童福祉施設の設備及び運営に関する基準」（第6条）において，非常災害に必要な設備の設置とともに，非常災害に対する具体的計画を立て，不断の注意と毎月の訓練に努めることが示されている。また，保育所については第13条2項において，「緊急時等における対応方法」「非常災害対策」について規定を定めなければならないとされている。

学校においては，学校安全に関する学校の設置者の責務として「学校保健安全法」第26条の中で災害も含む危険等発生時に適切に対処するために，当該学校の施設及び設備並びに管理運営体制の整備充実その他の必要な措置を講ずるよう努めることが定められている。また，学校安全計画の作成（第27条），学校環境の安全の確保（第28条），危険等発生時対処要領の作成等（第29条），地域の関係機関等との連携（第30条）が規定され，「学校安全計画」「危機管理マニュアル」等が作成されている[1]。

また，中長期的な視野に立つと，「要保護児童対策地域協議会」等の日常的な地域の支援ネットワークの整備や活用も不可欠である。また，地域の相談の担い手である主任児童委員，民生委員・児童委員，保護司，個別の児童福祉施

設等と，顔の見える存在になっておくことも重要である。さらに学校の PTA，保育所や幼稚園，認定子ども園の父母会等の役割も期待される。

### ▶ 3. 平時からの子どもとのつながりと状態把握

　災害が起きてからの状況把握には限界がある。日常から子どもや家庭とつながりを持ち，状態を把握しておくことも重要である。災害によって家族や大切なものを失った子どもたちは，トラウマや PTSD として症状が顕在化していなくても，心理的に大きな負担を感じている場合もある[2]。平時から相談できる子どもにとっての信頼関係があるからこそ，災害時にも相談でき，安心できる場所を提供できる。平時から子どもの状態を把握できているからこそ，小さな変化に気付くことができる。また，被災地の外から支援に入る場合は，子どもがよりどころにできる現地の支援者のサポートや連携も必要不可欠である。

## 第 2 節　災害時における取り組み

　災害時における支援の内容は，支援のフェーズによっても大きく変わる。第 2 節では，大まかに初期，中長期の 2 つに分け，災害時に求められる取り組みを整理したい。

### ▶ 1. 初　　期

　災害発生時においては，まず命を守ることと，安全を確保することが最優先である。日常から繰り返してきた災害時の訓練を基本としながらも，状況に応じた柔軟な対応が求められる。周りの大人に余裕が失われる中で，子どもたちに十分な注意が払われなくなる場合もある。大人が想定する以上の困難な状況やストレスにさらされた子どもも多く，個々の子どもたちの状況を受け止め，家庭や避難所における安心できる環境の保障が必要である。

　国立精神・神経医療研究センター　災害時こころの情報支援センターは，日本ユニセフ協会と共同でパンフレットを作成し，子どもたちが避難先で安心・

安全に過ごすことができる場の必要性を説いた。「子どもにやさしい空間」として，①子どもにとって安心・安全な環境であること，②子どもを受け入れ，支える環境であること，③地域の特性や文化，体制や対応力に基づいていること，④みんなが参加し，ともにつくりあげていくこと，⑤様々な領域の活動や支援を提供すること，⑥誰にでも開かれていること，の6つが大切であるとした。このような空間を保障することにより，緊急時における子どもの権利を守り，子どもが子どもでいることができ，子どもの持つレジリエンス（回復力）を発揮できる。なお，被災地の支援者や住民だからこそ担うことのできる役割も多く，③のように，地域の特性や文化を平時より理解しておくことは，災害時の支援を考える上でたいへん重要である。

## (1) 遊びの支援の重要性

被災した地域における子どもの遊びの支援は，特に重要である。子どもが子どもらしくいられる時間が確保でき，トラウマ等からの回復においても重要な役割を果たす。東日本大震災では，日本冒険遊び場づくり協会やセーブ・ザ・チルドレン・ジャパンが，災害発生当初より被災地で子どもの遊びを提供するなど，数多くの団体が子ども遊びを支援した。また東日本大震災中央子ども支援センター宮城県事務所は，パラシュートを使ったプログラムを導入し，子どもが無心に遊ぶなかで回復を促すプログラムを導入した。また，日本プレイセラピー協会は，遊びを軸としながら，子どもたちがつらい体験を乗り越える際に，大人としてできること，子どもと大人のこころの支えについてまとめた『遊びを通した子どもの心の安心サポート』を作成した。

## (2) 特別なニーズのある子どもと家庭への対応

災害発生後は，脆弱性のある子どもと家庭への配慮が必要である。

例えば，乳幼児においては授乳が大きな問題となる場合もある。ストレスにより母乳が一時的に出なくなったり，粉ミルクを作るお湯や清潔な哺乳瓶の確保などが大きな課題となる。衛生的な母乳，人工乳の授乳，あるいは調整液状

乳（液体ミルク）の適切で安全な使用などが求められる[3]。また，子どもの状態により，特殊ミルクなど，特別な配慮が必要な場合もあり，ニーズ把握から具体的な手配，安心して授乳できる環境の確保まで，きめ細かな対応が必要である。

また，子どもに障害のある場合など，障害特性やその子どもの個性に応じた特別な配慮が必要な場合がある。常時介護や見守りが必要な重度障害児の家族への配慮として，救援物資の配給や家族を支える体制の確保について検討が必要である。また，車いすを利用している場合の負担の軽減やプライバシーへの配慮，聴覚障害，視覚障害に対する支援のためのニーズ把握や情報の伝達，発達障害児へのコミュニケーションの配慮，パニック障害，刺激への敏感さへの対応などが求められる[4]。

その他にもアレルギー児への対応，親を失った子どもへの対応，避難先で何らかの被害に遭遇した子どもなど，子どものニーズを受け止め，適切な対応をするとともに，それらの課題を解決するために多機関，他地域との連携を求められる場合も少なくない。

▶ **2. 中長期の支援**

## (1) 子どものトラウマ・PTSD（心的外傷後ストレス障害）

1995（平成7）年に発生した阪神・淡路大震災では，子どもへの心理的な影響，とりわけトラウマやPTSD（心的外傷後ストレス障害）への対応が大きな論点の一つになった。また，東日本大震災等でも引き続き大きな課題として対応がなされた。特に，子どもたちは起きた出来事を十分に理解できなかったり，感情や体験を言葉で上手く表出することが難しい場合もある。だからこそ，周囲の大人たちは，子どもの言動や生活上の変化を慎重に観察することが求められる[5]。また，子どもへの影響が中長期にわたる場合もあり，心理面だけでなく，身体面にも影響が出る可能性もあることから，継続したケア体制が確保される必要がある。

災害発生時には，子どもにとって身近な，保育所，幼稚園等への専門家の巡回や遊びを通したケア，あるいは学校へのスクールカウンセラー，スクールソ

ーシャルワーカーの派遣が課題となる。また，医療を必要とする子どもに対し，地域の診療体制が脆弱な場合，児童精神科医等の確保や派遣が必要となる場合もある。

## (2) 親を失った子どもへの対応

災害によって，親を失った子どもたちへのケアは重要である。子どもたちが人や地域とのつながりを感じられる環境の確保は重要であり，東日本大震災では親族，あるいは親族里親が積極的に活用された。東日本大震災では両親とも失った震災孤児は241名，ひとり親となった震災遺児は1,537名に上ったが，震災孤児は親族による引き受けが67名，親族里親95名，養育里親73名，児童養護施設への入所6名であった[6]。

また，親を失ったり，あるいは自分がそれまで愛着を感じていた環境を失った体験に対して，子どもが回復へと向かえるよう，子どものニーズに応じたレベルでグリーフケア等の機会を確保することも重要である。子どものグリーフ（悲嘆反応）は情緒面・行動面・身体面・社会面など様々な場合で現れる[7]。また，故人の亡くなり方，経済的状況，養育環境，サポート不足など，子どもの悲嘆を複雑化させる要因もある。養育者に「グリーフ」について理解してもらうとともに，保護者や遺児を養育する家庭に対する支援も重要となる。

## (3) 家庭環境に関する視点

親を失った子どもだけでなく，家庭の別離や再生を体験する子どもも少なくない。例えば，東日本大震災においても，放射能汚染に対しての受け取り方の違いにより，家族内でも考えは様々であった。避難指示区域以外でも，祖父母世代が現地に残り，父母と子どもは放射線がより少ない環境を求めて移り住んだ家族もあれば，逆に別居していたが同居に戻った家族もいた。このように同じ家族であっても，それぞれが異なる文脈を体験し，違った価値観や判断基準を持つ場合もある。

また，災害によって地域が壊滅的な被害を受けた場合には，大人が職を失い，

安定した生活基盤が失われるなど，先が見えない状況で，子どもだけでなく大人も強いストレスにさらされる場合もある。家庭の葛藤や軋轢が震災によってさらに顕在化したり，親が追いつめられた状況で，不適切な養育につながる場合も考えられる。身近な相談支援体制を整えたり，地域における子どもや家庭の見守り，子どもに身近な学校や保育所などにおける支援体制作りや要保護児童対策地域協議会などのネットワークも重要である。

### (4) 支援者支援の重要性

　被災地において子どもに関わる支援者は，支援者自身が被災状況に直面し，トラウマやPTSD等を抱えながら，目の前の子どもたちに向き合っている場合も少なくない。筆者自身，東日本大震災の被災地で状況の聞き取りをして回った際も，支援者の話から，津波を見ながら子どもたちを抱えて必死で崖をよじ登ったり，他者が津波に飲み込まれる状況を目の当たりにするなど，壮絶な体験を聞いた。同時に，津波への恐怖や罪悪感にさいなまれている支援者も多かった。支援者自身が回復できるプログラムや専門家に相談できる機会の確保，状況に応じた手厚い人員配置など，被災地で子どもたちを支える支援者を支えるための様々な配慮が必要であることを忘れてはならない。

## 第3節　これからの課題

　被災地における子ども家庭福祉の取り組みを豊かにしていくために，被災地の外部も含めて支援を行う支援体制や中間支援組織などが育ち，重層的な支援が可能となる土壌を作る必要もあるだろう。さらに，子どもの内在的価値や尊厳，権利，子どもの最善の利益など，平時から子ども家庭福祉における普遍的な価値に対する社会の意識を高める取り組みも重要であろう。

　災害時における福祉，及びソーシャルワークの役割は大きい。災害発生時に効果的な対応を行うためには，平時からの連携や地域作りが必要である。災害時には，チームとして医療や心理，教育など，他職種との連携が求められる。

また，増大した福祉ニーズに対応するために，他地域の専門職やボランティアが応援に入る。災害大国である日本において，子ども家庭福祉に関わる専門職だからこそ力を発揮できる役割を平時より地域に示していくことも必要である。大学等の教育機関においても，ケーススタディを通した多職種連携教育（IPE）を実施するなど，災害時の動きや連携を具体的に学べる機会を増やす必要がある。

〈演習課題〉

1. あなたが住んでいる自治体の子どもの人数と子育てをしている家庭数，そしてその割合を調べてみよう。
2. あなたが住んでいる自治体で災害が起きた場合，子どもと家庭に対して対応する地域の機関を挙げてみよう。
3. あなたが住んでいる自治体で災害が起きた場合，災害の初期，そして中長期であなたができる役割を考えてみよう。

### 注

1) 文部科学省ホームページ「学校安全〈通知等〉」https://www.mext.go.jp/a_menu/kenko/anzen/1339094.htm（2021年8月15日閲覧）
2) 村上貴美子「子どもたちの明日を見つめて―保健室からの提言―」『世界の児童と母性』Vol.7，資生堂社会福祉事業財団，2018年，pp.42-48
3) 母乳育児支援連絡協議会「災害時の乳幼児栄養に関する指針　改訂版（2011年4月作成，2018年6月改訂）」2018年
4) 厚生労働省社会・援護局障害保健福祉部「避難所等で生活する障害児者への配慮事項等について」（事務連絡　平成30年7月10日），2018年
5) 日本小児科医会「もしものときに…子どもの心のケアのために」2012年
6) 復興庁「震災で親を亡くした子どもへの支援の状況について」2015年
7) 西田正弘「家族を亡くした子どもたちのためのグリーフサポート―当事者としての子どもに寄り添うために―」『世界の児童と母性』Vol.73，資生堂社会福祉事業財団，2012年，pp.29-36

### 参考文献

天野秀明「子どもにとっての復興とは」『世界の児童と母性』Vol.73，資生堂社会福祉事業財団，2012年，pp.93-97

「災害時における家族支援の手引き」編集委員会「災害時における家族支援の手引き　乳幼児を持つ家族を支えるために」1998 年

セーブ・ザ・チルドレン・ジャパン『東日本大震災からの学び　災害後の子どもの育つ環境の変化と支援体制への影響に関する調査報告書―子ども虐待の予防・啓発の取り組みに向けて―』2014 年

高橋聡美編著『グリーフケア：死別による悲嘆の援助』メヂカルフレンド社，2012 年

日本子ども虐待防止学会　社会的養護ワーキンググループ「社会的養護における災害時『子どもの心のケア』手引き」2011 年

日本弁護士連合会　子どもの権利委員会「国連から見た日本の子どもの権利状況：国連子どもの権利委員会　第 4 回・第 5 回政府報告書審査に基づく同委員会の総括所見（2019.3）を受けて」2020 年

# ■ 子どもの自己決定と非常時対応

高柳瑞穂

田園調布学園大学人間福祉学部准教授

　とある大学に勤務していた頃の出来事である。未成年の学生が大学に向かう途中で交通事故に遭い，顔面蒼白で来校した。大きな怪我がなかったため，警察官立ち会いのもと加害者と連絡先を交換し，そのまま大学に向かったとのことだった。その日が定期試験当日であったことも学生の決断に影響していたように思う。保健室のスタッフや教職員から何度も意思確認をしたが，「試験を受けたい」という強い意思表示があり，定期試験を受験させたが，能面のように蒼白で無表情の学生の様子が10年以上経った今も忘れられない。

　長きに渡る自問自答の末，当時，自分を含めて周囲の大人がとった対応は不適切であったと，今は結論づけている。周りの大人はリスクや後遺症等を十分に考慮し，時として子どもや若者本人の意思に反する指示を出さなければならない。上記の例では，学生に不利益の生じないような対応（後日の追試など）が可能であることを丁寧に説明した上で，帰宅させる，または保護者に迎えに来てもらう，見かけ上怪我はなくても念のため病院を受診させる，等の対応をとるべきであった。

　本人の自己決定を理由にして，決定によって生じる帰結や様々なリスクを全て子どもや若者本人に負わせるようなことはあってはならないのだが，地域全体がマヒする大規模災害のような非常時であればあるほど本人も周囲の大人も適切な対応を瞬時に下すことが困難になる。平時から十分に話し合い，非常時の対応を適切に取り決めておく，マニュアルや対応フローを整備しておくといった対応が求められる。

*column*

# 第5章　障害福祉分野における支援

## 第1節　平時における取り組み

### ▶ 1. 災害時における要配慮者とは

　わが国における災害とは，災害対策基本法の第2条によれば，「暴風，竜巻，豪雨，豪雪，洪水，崖崩れ，土石流，高潮，地震，津波，噴火，地滑りその他の異常な自然現象または，大規模な火事若しくは，爆発その他の及ぼす被害の程度においてこれらに類する政令で定める原因により生ずる被害」として定義している[1]。また，災害で被災した障害者については，同法第8条2項15において，「高齢者，障害者，乳幼児その他の特に配慮を要する者（以下「要配慮者」という。）」として規定され，障害のある要配慮者に対して防災上の配慮に努めることが定められている。

### ▶ 2. 障害のある要配慮者とその支援者を含む「被災者」の認識の必要性

　障害者とは，障害者基本法第2条において，「身体障害，知的障害，精神障害（発達障害を含む。）その他の心身の機能の障害（以下「障害」と総称する。）がある者であって，障害及び社会的障壁により継続的に日常生活又は社会生活に相当な制限を受ける状態にあるもの。」と定義されている[2]。

　災害時における障害のある要配慮者（以下「要配慮者」とする）が被災した際は，災害により，平時とは異なる環境や心身の状態で起こりうる日常生活または社会生活上の支援も必要となる。しかし，平時と異なり，災害時は，要配慮者の支援者も被災している状況にある。そのため，災害時は，こうした点を踏まえた「被災者」としての認識が必要になる。

　**図 5-1** は[3]，東日本大震災の際に，要配慮者である知的障害者が入所してい

る施設が被災したため，他県に入所している知的障害者やその施設の職員が避難していた。その避難所でボランティアとして支援を行った際に出会った施設職員が，知的障害者の家族や職員の家族の安否を気遣いながら支援を行っていた。その様子から改めて，災害時の被災者は，①居宅や施設で生活している要配慮者（障害者）のみではなく，②要配慮者の家族，③障害者を支援している通所や入所施設（地域で支援している福祉・医療関係機関やボランティア団体など），④入所・通所施設の職員（地域で支援している福祉・医療関係機関の職員やボランティアなど），⑤入所・通所施設の職員（地域で支援している関係機関の職員やボランティアなど）の家族であり，多岐にわたっていることに気づかされた。そのため，災害時における「被災者」を想定した支援のあり方について，平時よ

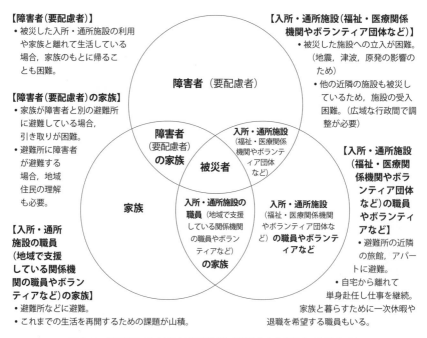

**図5-1 災害時における被災者とは（東日本大震災での現状から）**

出所：市川和男（2013）『震災により福祉避難所に避難された知的発達障害者（児）に対する医療や福祉の災害専門ボランティアの支援の在り方について—支援活動から得られた5つの視点—』より抜粋一部修正

りこれらの被災者に備える取り組みが重要である。

## ▶ 3. 災害に備えた平時の取り組み

　災害に備えた平時の取り組みは，災害時における被災者として前項の①から⑤の被災者の他に，⑥サービスを利用していないあるいは誰にもつながっていない障害のある人に応じた具体的な対策を行う必要がある。その具体的な方法について述べていきたい。

## (1) 平時における災害時要援護者制度の「避難行動要支援者名簿」への登録と具体的な支援の方法の確認[4)]

　災害時要援護者制度とは，災害時に自力で避難することや情報を得ることが困難で支援が必要な要援護者に対して，地域支援者を決めて，災害時に安否確認や情報の提供，避難の支援をする制度である。この制度を利用するためには，市区町村に要援護者として「避難行動要支援者名簿」に登録することが必要である。登録の方法は，市町村から申請書を郵送やホームページで取り寄せ，郵送やホームページにて申請が可能であり，住所，氏名，生年月日，性別，年齢，障害の種類，電話番号，地域支援者の氏名・電話番号，緊急連絡先の氏名・電話番号などを記入して申請する。

　登録された個人情報については，各市町村で保管され，個人情報保護法の趣旨に従って，人命にかかわる緊急時のみ，関係各機関で共有することが可能とされている。

　災害時には，登録した情報として「障害の種類」を除いた情報が地方自治体から，住所地の地区長，民生委員・児童委員，地域防災組織の役員，町内会または自治会の役員，地域の相談支援事業所や通所や入所の福祉施設や事業所などに提供される。また，災害時に必要な支援を得られるように，日頃の声かけや，災害時の情報提供，安否確認，避難の支援が得られるのである。

1) 主な支援者

　・日頃地域の見守り活動を行い，地域をよく知る民生委員が中心になって要

援護者を支援することが求められている。

2) 災害時に必要とする支援を確認する

　・情報提供，安否確認，避難支援のいずれを希望しているかを聞く。

3) 具体的な支援の内容を聞く

　・どのような方法で支援してもらうと助かるのか，避難時に必要な用具は何か，具体的なニーズを確認する。

4) サービスにつながっていないあるいは「避難行動要支援者名簿」への掲載を希望していない障害のある人も存在する。地方自治体は民生委員・児童委員や地域住民の協力のもと，これらの人たちの情報の把握も行い，災害に備えておく。


## (2) 要配慮者（障害のある人）への支援の留意点を事前に防災研修などで関係者に知識として周知しておく。以下，留意点の内容である。

1) 支援を必要とする障害者の状況は一人ひとり異なる

　・視覚に障害がある場合であっても，全く見えない方から，弱視の方もいる。「○○障害」という言葉でひとくくりにして先入観で判断しない。

2) 支援が必要な障害のある人から丁寧に話を聞く

　・一人ひとりの希望に耳を傾け，具体的にどのような手助けを必要としているか確認する。

3) 支援に直接必要ではない情報は聞き出さない

　・この制度は近隣にお住まいの方が手助けする制度であるため，支援者は必ずしも専門職とは限らない。そのため，支援とは直接関係のない病名，障害名，家族状況について聞き出すことはせず，プライバシーに十分配慮することが必要。

4) 近隣の住民だけでは支援が難しい場合は，市区町村の職員に相談する

　・ご本人の状況によっては，例えば，複数の医療機器を使いながら寝たきりの場合，専門的な対応が求められる場合がある。その際は，市区町村に相談し専門職による支援を受けることができるように働きかけることが必要

である。

## (3) 障害関係団体等の災害に対する備え<sup>5)~10)</sup>

2021（令和3）年度障害福祉サービス等報酬改定に向けた関係団体ヒアリング
が実施された。その際の32団体のうち，9団体については，災害に対する対
策や災害時における具体的な取り組みとして，災害に備えた準備を行うための
ハンドブックやチェックリストを作成し，災害時の支援方法を想定した訓練方
法なども検討されていることがわかった。また，これらは冊子として配布され，
関係団体のホームページにも掲載されている。さらに必要に応じてダウンロー
ドが可能で誰もが活用できるよう工夫して情報提供されている<sup>11)</sup>。しかし，上記
のような災害に備えた準備を行っている団体は障害関係団体の約3割以下に留
まるため，今後早期に具体的な準備を推進するよう促すことが必要である。

# 第2節　災害時における取り組み

## ▶ 1. 災害時の課題

障害のある人はそれぞれの障害特性に起因する災害時の課題がある<sup>12)</sup>。

## (1) 障害特性により危険や警報を感知しにくいこと

東日本大震災の際に，市町村行政の防災サイレン，アナウンスが流れたが，
聴覚障害のある人は，そのサイレンやアナウンスを聞くことができず，災害の
状況の把握が遅れ，避難に遅れが出ている。知的障害のある人の場合は，防災
サイレン，アナウンスを聞くことはできても，内容を理解し適切な避難を行う
ことが困難な場合もある。併せて内容を判断することも困難な人たちもいる。
さらに視覚障害のある場合は，地震により建物が被害を受けてその粉砕物が地
面に散乱していても視覚による把握が困難で，けがを招く恐れがある。例えば，
自宅で地震に遭った人は，散乱する家具を上手く避けて歩けない，あるいは家
の倒壊を考え家からの脱出を試みたが，庭に出てみたら落ちてきた瓦屋根の破

片を踏んでけがをしたという<sup>13)</sup>。いずれの場合も家族や近隣住民の手助けにより，災害の危険や警報を把握している場合が多い。

## (2) 移動しにくいこと

　障害のある人にとっての移動は，簡単なことではない。特に車いすの利用者，下肢に障害のある人，視覚障害者は大地震の際には周りの状況を勘案しての移動に困難があり，とっさの判断で，避難するということへの対応が難しい。また，行動障害のある人や知的障害のある人は，見た目では移動に支援が必要とは思われにくいが，パニックを起こしたり状況の理解が遅れたりして動けず移動のための支援が必要な場合がある。あらかじめ支援者を含め近所の人たちなどに災害時の避難の手伝いや介助を依頼しておくことが重要である。さらに，地方自治体が中心となって「避難行動要支援者に対する発災後の支援体制」を整備することもいざという時に役に立つ。さらに避難所では，移動の不便の無きよう段差のない，そして車いすで充分移動可能な広さのあるバリアフリーの建物が必要であることは言うまでもない。

## (3) 変化に適応しにくいこと

　障害のある人々は，避難生活でもとても大きな困難を強いられている。例えば避難所生活である。いつもと異なる場所での生活は，それだけで不安が生じ，避難所で落ち着かない，奇声を上げる，多動，壁をたたき続けるなど，生活の場の変化，周囲の人の変化に適応できない事例が多く報告されている。障害のない人も，災害時には心の余裕が無く自分の身を守ることに精一杯である。怒鳴ったり，パニックを起こしたりしている障害のある人に奇異の目を向け，「静かにして欲しい」と声が上がることもある。また逆に，周囲の騒音に耐えかねて静かな環境を願う障害のある人もいる。このような状況下で，障害当事者や家族は周囲への配慮から避難所を抜け出し車中での生活や壊れた自宅に戻っての生活，縁故を頼りの早期被災地脱出を試みる。多くの関係者が「障害のある人専用の避難所が欲しい」と願い，東日本大震災の時にこのような事例が多く

報告され，結果として「福祉避難所」の設置が進むことになった。障害のある人への支援が事前に考えられ合理的配慮がなされた「福祉避難所」は，災害の時には必須である。さらに県外に避難した障害のある人たちが新しい生活になじめずに被災した地域に戻ってきているとの報告もある。[14] 被災地に戻ってきた場合には，もう一度障害福祉サービスにつながり支援を受けて生活できればいいが，支援者のいない被災地に戻り生活をするのは多大な困難がある。これについてはまだ調査がなされず，どの程度の人数の障害のある人たちがこのような暮らしをしているのか把握されていない。現段階では，今後の調査が待たれる状況である。

## (4) 情報の入手が困難な場合があること

地方自治体では，「防災マニュアル」の作成が進んでいるが，この「防災マニュアル」が視覚障害者用に点字や音声テープで作成されていなければ視覚障害のある人に「防災マニュアル」の情報は伝わらない。また，知的障害のある人の場合も知的障害のある人が理解できるようにルビを振ったり，ひらがなを使用したりした理解しやすい「防災マニュアル」でなければ意味がない。その他，避難所では避難者に情報を提供するため壁新聞を用いていたが，視覚障害のある人には音声読み上げ機能の付いたパソコンやタブレットを活用して情報提供されている聴覚障害のある人には，音声を瞬時に文字に変換して画面に表示する同じくパソコンやタブレットの活用，情報をスマホのメールに一斉送信するなど災害時に情報弱者を作らないよう先端技術を活用した取り組みを進めてほしい。

## (5) つながりのない障害者への支援は困難

福祉サービスを利用せず，障害者団体にも属さない障害者，一般のボランティアによる支援の外に置かれている被災障害者には，支援が届きにくい現実がある。また災害時には，これらの人たちの状況把握は極めて困難である。事前に「避難行動要支援者名簿」を地方自治体が作成しておくことは大変重要であ

るが，一部には名簿登録を望まない人たちも存在するため，地域をよく知る民生委員・児童委員あるいは地域の人たちはこれらの人たちとのつながりを平時から意識的に持ち，災害時にはこのつながりを使って支援を行うことが必要であろう。

### (6) 医薬品の備蓄

　医薬品メーカーや医療機関が被災し医療品を提供できない場合も想定できる。それに備えるために支援者は事前に障害者に災害準備をしておくよう助言し促しておくとよい。具体的には，毎日服薬している薬は何日か余計に手元に保存しておくことをお薦めする。明日，病院で薬をもらうはずだった，というような場合は，次の日から服薬できず体調が悪化する恐れがある。阪神・淡路大震災の際にはオストメイトなどの特殊な医薬品の供給には2週間要したといわれる。また，日本薬剤師会の「東日本大震災における活動報告書」(2012) によれば，津波被害等により医療機関や薬局，カルテや薬歴等の医療インフラが大きな被害を受けたが，「お薬手帳」の活用により，スムーズかつ適切に医薬品が供給され，適切に医療が提供される場面が多く見受けられたと述べている。

### (7) その他

　以上の他に，ボランティアは派遣人数や派遣日数そして派遣場所などの支援の限界があり，情報の提供や避難所の開設，物資の配布は行政や社会福祉協議会との連携・バックアップがなければ順当に進まないことなども考えられるので，注意が必要である。

## ▶ 2. 災害時の取り組みのポイント[5)〜10)]

　災害時の取り組みの具体的なポイントとして，障害福祉関係団体の冊子では次の点が取り上げられている。これらの内容は，前項の1. で取り上げた課題解決につながっている。

## (1) 視覚障害

・災害時には音声による情報伝達や状況説明と，避難誘導等の援助が必要。

・障害の程度（全盲・弱視など）や情報取得方法（点字・音声・拡大文字など）を確認し，必要な支援を把握する。

## (2) 聴覚障害

・身振りや手振り，文字（紙や手のひら），携帯メール等複数の手段で，文字による情報伝達が必要。

・聞こえの状態や情報取得方法（手話一文字・補聴器など）を確認し，必要な支援を把握する。

## (3) 肢体不自由

・移動を中心とした支援が必要。具体的にどのような補助が必要かを把握する。状況によっては担架などの用具を用意して確認する。

・病院受診や手続きに必要な物品（保険証，常備薬，ヘルプカードなど）を準備しておく。

## (4) 内部障害

・医療機器の使用状況，医療機関との連絡方法，避難移動時の支援方法等を決めておく，移動の際の用具（ストレッチャー，担架など）を用意して，複数の支援者を確保する。

・医療的ケア（酸素，呼吸器，吸引器，アンビュー，アダプター，電気コードなど）を準備する。

・停電対策（発電機，カーインバーターなど）を準備する。

・災害時の健康管理に対する知識（消毒などの感染対策の方法，PTSD（心的外傷後ストレス症候群）の症状の特徴と対処方法，持病の管理方法）や使用物品を準備する。

・災害拠点病院を確認（内服薬や病状悪化の際の連絡先を控えておく）する。

### (5) 知的障害・発達障害

- ・大声で叱ったりせず，安心させながら状況説明や避難誘導の支援が必要。
- ・保護者への連絡方法と，対応できる人を確保する。
- ・災害時に意思疎通を行うコミュニケーションカードを用意する（広く一般市民にも啓発することなど）。
- ・障害理解の啓発（災害時のパニック時の理解啓発など）を行う。
- ・災害時は日中活動先に通うことができないことや，福祉避難所などでの過ごし方について説明する（イラストや写真でイメージしやすいように工夫する）。
- ・本人や家族の心理的なストレスの症状とケアの必要性について（イラストや写真でイメージしやすいように工夫する）確認する。

### (6) 精神障害

- ・薬名，緊急時の医療機関との連絡先や連絡方法を確認する。薬の確保を最優先する。

### (7) 共　通

- ・安否確認方法（施設への連絡方法など）を確認する。
- ・自らの障害に合わせたモノの備蓄から，ヒト・サービスの手配まで備えを日常的に考えチェックし一覧に整理して網羅できるようにしておく。
- ・防災の対策について家族間で話し合う機会をもつ。
- ・避難先の確認，地区の民生委員・児童委員や自治会・町内会の関係者保健福祉関係者と日常的に交流する。

### ▶ 3. 避難所における障害のある人の支援

　大災害時には被災地では 3 日から 10 日程度は外部からの支援が入りにくいといわれている。そのような初期の状況では，避難所での生活を送ることが基本となる。しかし，避難所設営や運営，そして障害のある人への具体的な支援方法はあまり知られていない。厚生労働省は，避難所に関係する具体的な内容

をまとめたリーフレットを作成しているので，その一部を以下に取り上げる。詳細な内容は厚生労働省「災害等緊急時の避難所における障害のある人の支援」を参照されたい。

① **入り口・通路を確保する**　車いすでの侵入には幅約90cmが必要とされている。方向を変えるにはさらに幅が必要である。視覚障害のある人は，入り口に靴があるとつまずく恐れがある。

② **何が必要か聞く・伝える**　一般的な支援方法はあるが，個人差や好みがある。何をしてほしいか，何ができるかをお互いに率直に言えること，できないときにはどうしたらいいかを一緒に考えることが大事である。

③ **移動の手引き**　車いすによる移動をどのように行うのか具体的な方法を避難所内で周知する。

④ **案内・説明**　アナウンスは画用紙等に書いて掲示する。聴覚障害のある人だけでなく，一回で聴き取れなかったり，その場にいなかったり，記憶しがたい人にも有効である。

⑤ **トイレ・ベッドなど**　トイレに行くのに，視覚障害の人は案内が，車いすの人には通路の確保が必要である。

⑥ **介助・手話通訳・家事代行**　被害が大きい場合には，被災地在住の支援者は支援する余裕がなくなる。他県の行政や組織を介して経験豊かな支援者の派遣を得られるように事前の協定や被災時の依頼準備をしておく。

⑦ **間仕切り・個室**　体育館での生活は誰にとっても苦痛であるが，音，光，環境の変化に特に敏感な人には間仕切りや個室が有効である。

⑧ **食事**　避難所生活では体調を崩すことが多い。流動食，アレルギー食，食物や食事方法へのこだわりがある場合は，各自で備蓄するとともに，受付で申し出たり事前に対策を相談したりしておく。

## 第3節　これからの課題

### ▶ 1.「避難行動要支援者名簿」を含む災害マニュアルの作成について

　「避難行動要支援者名簿」の作成が義務化されたが，作成に当たっては，要援護者にはどのような障害があり，災害時の支援は具体的にどのような形の支援が必要なのかを丁寧に確認して欲しい。同様に作成が義務化された災害マニュアルについては，筆者の見たマニュアルに限定して言えば，ほとんどの自治体で似たような内容で作成されている。地域の独自性，地域住民のニーズを基本としたマニュアルを地方自治体が地域住民と協力の下，作成することが望ましい。その他にこの災害マニュアルを運用する際には，要援護者と地域の支援者との「顔の見える関係づくり」や作成した災害マニュアルの情報が古くなった際のアップデートの方法なども必要であろう。

### ▶ 2. 障害を理由とする差別の解消の推進に関する法律（障害者差別解消法）

　障害者差別解消法が施行され，災害時に障害のある人が使用する仮設住宅，避難所，情報保障，避難物資の配布方法，トイレ，入浴，移動などは，合理的配慮が必要である。例えば文書による情報の伝達方法では，視覚障害のある人には情報が届かないし，音声による情報の伝達も聴覚障害のある人には届かない。今までのやり方では「差別」となる場合も想定できるので，それぞれ障害のある人にあったやり方を行うことが必要である。

### ▶ 3. 福祉避難所の周知を

　障害のある人にとって様々な配慮のされた福祉避難所は，災害時に必要欠くべからざるものである。福祉避難所に合理的配慮が必要なことは当然であるが，それ以前に福祉避難所の知名度が低いと言われている[15]。さらに具体的な事柄として建物のバリアフリー，福祉避難所における情報保障，医療関係者や介護者等の人材配置，ほかの避難所との連携などの運営方法の周知も必要であろう。

## ▶ 4. 仮設住宅はバリアフリーで

　これまでの震災時，障害のある人と家族は仮設住宅がバリアフリーでないために車中泊をしたり，壊れた自宅でそのまま生活したりしていることが多かったといわれている。障害のある人にとって使いやすいバリアフリーの仮設住宅は，高齢者，妊婦や小さい子どものいる家族も使いやすいものである。

## ▶ 5. 障害のある人への理解

　「災害」という異常事態に人は「思いやり」をどこまで持っていられるだろうか。ゆっくり歩を進める障害のある人を「邪魔だ」と言わんばかりに追い抜いて，我先にと避難物資を手に入れる人，興奮して奇声を上げる障害児に怒鳴り声を上げる人。これは阪神・淡路大震災，東日本大震災でも起きたことである。非日常の時の何気ない行動にその人の本質が垣間見えるものである。日頃から障害のある人への理解を深め，助け合いの精神で障害のある人とともに災害を乗り切る意識を持ってもらいたい。

---

〈演習課題〉

1. あなたの住んでいる地域では，「避難行動要支援者名簿に基づく個別支援計画」が策定されているか確認してみよう。
2. あなたの住んでいる地域には，災害時における障害者のためのボランティアや制度があるか調べてみよう。
3. あなたの住んでいる地域の小学校がバリアフリー化されているか調べてみよう（合理的配慮）。

---

**注**

1) 『災害対策基本法』平成 30 年 6 月 27 日，平成 30 年法律第 66 号による改正
2) 『障害者基本法』平成 28 年 4 月 1 日，平成 25 年法律第 65 号による改正
3) 市川和男「震災により福祉避難所に避難された知的発達障害者（児）に対する医療や福祉の災害専門ボランティアの支援の在り方について―支援活動から得られた 5 つの視点―」『社会事業研究』2013 年，p.87-101
4) 土浦市・つくば国際大学・土浦市障害者（児）福祉団体連合会「災害時に手助け

が必要な人のための防災の手引（『障害のある方』と『ご高齢の方』を中心に）」2013年，p.19-27

5）日本赤十字社「災害時要援護者対策ガイドライン」2006年，p.3

6）一般社団法人日本筋ジストロフィー協会ホームページ，https://www.jmda.or.jp/（2021年3月31日閲覧）

7）一般社団法人日本自閉症協会，http://www.autism.or.jp/（2021年3月31日閲覧）

8）公益社団法人日本てんかん協会，https://www.jea-net.jp/（2021年3月31日閲覧）

9）一般財団法人全日本ろうあ連盟，https://www.jfd.or.jp/（2021年3月31日閲覧）

10）国立障害者リハビリテーションセンター研究所福祉機器開発室，http://www.rehab.go.jp/ri/（2021年3月31日閲覧）

11）厚生労働省「障害福祉サービス等報酬改定に向けた関係団体ヒアリングの実施について」2020年，https://www.mhlw.go.jp/content/12401000/000663205.pdf（2021年3月31日閲覧）

12）北村弥生「災害時の障害者に対する福祉的支援の在り方」『週刊医学界新聞』第3410号，2021年，p.3

13）松永千惠子・大石剛史・三谷知子・大友崇義「地震被害の際の視覚障害者の不安要因の把握と二次的被害の予防を目的とした支援に関する研究」第9回とちぎソーシャルケア学会，2012年

14）鎌田真理子「風化する過去の禍（わざわい）の下に現存する苦悩・苦しみに対するソーシャルワーカーのあり方を考える—福島・熊本・沖縄の現状から—」日本ソーシャルワーカー協会，新春福祉交流セミナー，2021年

15）有賀絵里「災害時の障害者の現状と課題と備え」『ノーマライゼーション障害者の福祉』9月号，2017年

# ● 青森市障がい者自立支援協議会による災害福祉の取り組み

石田賢哉

青森県立保健大学健康科学部教授

2014（平成 26）年 2 月から 2021（令和 3）年 3 月までのあいだ青森市障がい者自立支援協議会（以下，協議会）の会長を務めさせていただいた。青森市の協議会で議論され実施された災害福祉の取り組みについて紹介させていただきたい。

協議会は障害のある当事者，その家族，福祉専門職，教育・学識経験者で構成されている。協議会に「みんなの未来部会」があり，そこで災害時の課題について議論されてきた。支援者側は，相談支援事業所にも要援護者の情報がほしい等の要望が，当事者側は，災害時の避難方法の不安，福祉避難所の使用方法，個別支援計画が進んでいない不安など率直な意見が出された。

みんなの未来部会として実際におこなったものが，防災に関する情報共有，意見交換である。青森市では内陸直下型地震が冬の 18 時に発生したときの被害が甚大と予測していて，死者 3308 人，負傷者 6999 人，避難所避難者 5 万 1390 人（発生から 1 日後）という推計値が算出されている。また青森市は豪雪地帯であり，大雪による被害も過去に何度も経験している。

様々な災害が想定される中，情報と避難行動が大事であり，避難情報，災害情報の入手方法として SNS，青森市のメールマガジン，全国避難所ガイド等の活用について情報共有がなされた。

また，避難行動要支援者避難支援制度に登録することのメリットなどを青森市職員からうかがい理解を深めた。避難行動要支援者避難支援制度への登録を促進するために，青森市と協議会が登録呼びかけの活動をおこなった。

災害はいつどこで起こるかわからないからこそ，具体的に検討し，必要なことを行政に伝えることが協議会の大きな役割の一つであると考えている。

*column*

# 第6章　高齢者福祉分野における支援

## 第1節　平時における取り組み

### ▶ 1. 高齢者とはどのような人々か

　本章の対象となる高齢者の対象像は幅広く多様である。仮に65歳以上の人を高齢者とした場合でも，その中には，仕事をもって社会の第一線で活躍している人もいれば，病気や障害，あるいは老化による影響から病院や施設で暮らしている人もいる。

　高齢者の中には，それまでの人生経験で培った人脈や技能をもった存在として，地域の防災活動の担い手として大きな役割を果たしている場合も少なくない。一方で，疾患や老化に伴う心身の機能低下や社会関係の喪失，経済的な困窮など，災害時にて様々なサポートを必要とする存在であるともいえる。そして，災害時においては，普段は日常生活に問題がない高齢者も，特別な配慮が必要となる場合も多い。東日本大震災では死亡者の65％以上を60歳以上の高齢者が占めたとされる[1]。もともと被災地域の人口に占める高齢者の割合が高かったともいえるが，多くの高齢者介護施設が使用不能になり，避難所生活が長期化する中で，高血圧や不眠，誤嚥性肺炎，生活不活発病，深部静脈血栓症（エコノミー症候群）を招く危険性があること，慢性疾患（人工透析，生活習慣病等）に対する医療の中断により生命の危険にさらされるなど，震災後も被災した高齢者が様々な形で生命身体の危険性にさらされることが指摘されている[1]。また，高齢者の多くが夫婦のみ，あるいは独居という世帯類型で暮らしており，災害発生時に孤立してしまう可能性もある。そして，高齢者に焦点をあて，地域の防災対策を検討する上では，その高齢化率の差異の大きさにも着目する必要がある。令和元（2019）年現在の高齢化率は，最も高い秋田県で37.2％，最

も低い沖縄県で22.2%となっている[2]。各地域における高齢者の状況を把握しながら，対策を検討していくことが必要である。

### ▶ 2. 災害時の困難に対応するためのネットワークの構築

　先述のように，地域の高齢者像は多様であり，高齢者の中には，地域活動の主軸として活躍する人も多い。普段から活発な地域活動を行っている高齢者には，地域の自主防災組織等の関係者として，そのリーダーシップやネットワーク，組織化の力などの能力を発揮してもらうことで，もともと地域がもっている力を防災にも生かしていくことができる。災害時は，ライフラインをはじめ，様々な社会サービスが滞ってしまう。それらが復旧するまでの間，頼りになるのはインフォーマルなネットワークによるサポートである。高齢者の支援にかかわる関係者は，普段からそうした地域のキーパーソンとつながり，災害時における情報の伝達方法を共有し，避難行動に特に配慮を要すると考えられる高齢者も含め，互いに顔のみえる関係を作っておくことが重要である。

　地域の中には特に高齢化率の高い集合住宅や，避難行動が難しい立地にある家屋，孤立しがちな高齢者など災害時に困難を抱えることが予想される対象が存在している。常時から，地域包括支援センターや社会福祉協議会，民生委員などが連携し，その把握と，組織化に向けた働きかけを行うことが重要である。例えば，町会長，自治会長，消防団等の責任者と連携し，地域の防災マップ等を共有し，災害時に声を掛け合い，町会・自治会の「班・組」やマンションの「階層」を単位として，避難の際に配慮が必要な高齢者が，円滑に集団避難（安否確認，搬送支援等）できるようにしておけるとよい。これに加えて，認知症の人など配慮が必要な方のためのスペースを確保するため，避難所の空間配置地図をつくり，市町村，施設管理者，地域住民等で共有しておきたい[3]。

　介護保険施設等の高齢者施設においては，市町村地域防災計画や地区防災計画を把握し，施設内で防災マニュアルを作成し，定期的に防災訓練を実施する。東日本大震災で高齢者施設が直面した課題は，電力や水道といったライフラインの遮断，ガソリンや食料，医薬品の不足，定員を超過しての入所者の受け入

れ，スタッフの確保困難といった課題であった。施設の倒壊や，さらなる被害の拡大が予想され居住が困難な場合は，他施設への入居者の移動を検討しなければならない事態も考えられる。こうした問題は，災害の規模が大きくなれば，1施設，1法人では対処が難しくなる可能性がある。そのため，広域での法人間での協力体制の構築や，普段からの所在地域との関係構築を行っていく必要がある。

　また，避難する上で移動に伴うリスクが高く，移動手段が確保できないような場合，事態が急変した場合に備え，避難所への経路の確認や，緊急度合いに応じて対応できる屋内も含めた複数の避難先を平時から確保しておきたい。その上で，各施設の防災計画に記載し，地域住民と協働しながら，避難訓練を行ってその実効性を高めておきたい。[4]

## 第2節　災害時における取り組み

### ▶ 1．災害発生時の状況と対応

### (1) 行政等から出される情報をふまえつつ，自主的に要配慮高齢者の避難支援を行う

　災害時は，各市町村より様々なレベルの避難指示等が発令されるが，その発令の有無や，そのレベルにかかわらず，行政等から出される情報をふまえつつ，在宅の要配慮の高齢者については，地域包括支援センターや介護支援専門員等が連携し，避難行動に対する支援を開始する必要がある。

　台風や大雨に伴う洪水や土砂崩れなど，ある程度予測と準備ができるものもあれば，広域の大地震など突発的に起こるものもある。突発的に起こる災害の場合，その被害の大きさや緊急度がわからない中，判断・行動することが求められる。平時における避難訓練や，情報共有，ネットワークを機能させ，避難所等へ移動し，まず安全の確保をしなければならない。

　避難所は台風の接近等により一時的に開設される自主避難所や，災害対策基本法に基づいて，都道府県ならびに市町村地域防災計画において，指定された

指定避難所，指定緊急避難場所がある。また，それ以外の公民館や自治会や町内会の集会所，一般の住宅などが一時的に避難所となる場合もある[3]。避難所の多くは，小中学校やその体育館，コミュニティセンターなどで，被害状況によってはその生活は長期化する（注：避難所の解消は，東日本大震災では，岩手県で7か月，宮城県で9か月，福島県では2年9か月かかった[5]）。つまり，教室や体育館といった場所で，寝起きし，食事を摂る形になる。食事は配給されたものが中心となり，トイレも共同で使用する形になる。ここでの生活が長期化すればするほど，高齢者，特に疾患や心身に衰えのある高齢者は，栄養面や身体機能の維持といった面で課題が生じる。

## (2) 刻々と変動する状況に応じ，各スタッフが判断し行動できる体制づくり

　特別養護老人ホームやグループホームといった居住施設，あるいは通所施設といった避難等に配慮が必要な高齢者が集まる施設では，災害の種類とその規模によって，施設内が半壊したり，スプリンクラーの作動によって居住スペースが水浸しになるなどの被害に見舞われる。立地によっては津波や，大雨による水害，土砂崩れなどに建物が巻き込まれる被害が発生する。こうした状況の中，例えば災害発生時が夜間だった場合はわずかな夜勤の職員で利用者の避難の判断と支援を展開しなければならない。平時より地域で想定される災害に対して，訓練と職員各自が緊急時のシミュレーションを行っていくことが大切である。

## ▶ 2. 避難後の対応

### (1) 避難所での対応

#### 1) 避難所での食生活に注意する

　長期の避難が必要になるような災害の場合，避難所という慣れない場所・集団生活による緊張状態の中，生活をしていかなければならない。また，避難所の外においては，家屋の損壊やライフラインの断絶，情報の遮断などの状態に置かれる場合がある。避難所では，パンやおにぎり程度で，十分な栄養状態を

保つことができる食事が用意できない場合がある。避難所で支給される食物は自治体で確保していた非常食や，他地域からの支援物資となる。そのため日持ちするものや調理せずにすぐにエネルギーを補給できるものが多く，必ずしも栄養バランスや高齢者にとっての食べやすさに配慮したものでない場合がある。特に，高血圧や糖尿病の基礎疾患がある場合，お菓子やインスタント麺などの高エネルギーかつ血圧を上げてしまうようなものは控える必要がある。糖尿病の場合には，低血糖を避けるためのアメなどの準備や，規則的な食事時間の確保が必要である。また，避難所の生活では，生活不活発病やエコノミー症候群を防ぐために，意図的に運動する時間を確保しておく必要がある。栄養補給については，サプリメントなどの活用を検討したい。また嚥下機能の状態によっては飲み込むことが難しくなるため，とろみ剤を使用するなどの工夫が必要である。

## 2）避難所での感染リスクに備える

　集団生活の影響から，感染症，食中毒等のリスクが高まるため，発災直後から衛生管理に徹底して取り組む必要がある。地域住民やボランティアの協力を得ながらしっかりと実施していきたい。特に，食料（生鮮品，弁当等）の取り扱いには十分注意し，食中毒の発生を防がなければならない。

## 3）避難所でのトイレへの対応と水分補給に気を付ける

　また，避難所のトイレは共同で，足腰が弱った高齢者にとって必ずしも利用しやすいものではない。トイレ介助が必要な場合，介助者や順番待ちの避難者に迷惑をかけるということで，高齢者の中には，自ら水分摂取を制限する場合がある。それによって水分不足から便秘やエコノミー症候群を誘発する場合がある。意識的な水分補給が必要である。

## 4）認知症の人とその介護者のための専用のスペースを確保する

　地域には認知症の人も多く暮らしている。東日本大震災においても，避難所によってはかなりの人数の認知症の人がいたことが報告されている[3]。認知症の症状により，場所や人，時間などの正確な認識が困難なため，住み慣れた自宅から避難所への環境や生活習慣の変化に大きなストレスを感じてしまう場合が

ある。

　東日本大震災では，避難直後から3日目までの間に7割程度の人が，イライラして落ち着かず，徘徊，帰宅欲求などの多くのBPSD（認知症の行動心理症状：Behavioral and Psychological Symptoms of Dementia）を発生していたことが明らかになっている[3]。またそれに伴い介護する家族も疲弊していく。そうした状況の中，周囲の理解がなく，避難所において，拒否されたり，追い出されたというケースもみられた[3]。特に避難後3日を過ぎたあたりから，周囲の苦情が増え，避難所にい続けることが難しくなっていったとの報告があり[3]，認知症の人本人やその家族の権利が著しく侵害される状況が発生する可能性がある。認知症の人やその家族のための専用のスペースを確保し，安心して生活できる環境を整える必要がある。

### 5) 避難所を離れて生活している高齢者の状況把握と，帰宅した高齢者への支援の継続を確保する

　災害発生時から数日が経過し，ライフラインが一部復旧してくると，避難所から自宅に戻る，夜間のみ避難所で休む，一時的に親戚宅に避難（域外避難）するなど，住民の居場所と避難者数に変化が見られる。一方，避難所は救援物資や支援に関する様々な情報，人材が集まる拠点となりつづける。上記の人や，被災者の中で避難所に居場所を確保できず，やむを得ず被災した自宅に戻って避難生活を送っている人，もしくはライフライン等が途絶した中で不自由な生活を送っている人の対応拠点としても，避難所は機能していく必要がある。避難所を離れて生活している高齢者の状況把握と支援の継続を確保しておきたい。

## (2) 施設，在宅サービス事業所での対応

### 1) 普段とは違う環境に置かれた認知症の人の安全と安心を確保する

　入所施設では，災害時には，大きな物理的被害のあった地域の施設の入居者が避難し，定員超過の状態になる場合がある。想定される建物の被害では，地震では，エレベーターの停止や，天井の空調設備が落下，居室では，箪笥が倒れるなどし，余震の心配から居室には戻れない状況も想定される。そうした中，

認知症の人は災害が起こったことが理解できない，あるいはなんとなく理解できてもなぜ避難しなければならないのかについてわからずパニックに陥ってしまうこともある。住み慣れた居室やリビングの使用が難しい場合，こうした認知症の人の混乱への対処が必要となる。[6)]

## 2）通所サービス利用者の送迎の困難さに対処する

　通所介護など通所サービスでは，利用者の家族が職場から戻れず，利用者が帰宅できない状況が発生する場合がある。また，マンション居住者がエレベーターが停まっているので上層階への移動に複数の職員による対応が必要になるといった場合もある。災害の規模によっては，道路の信号が故障する，隣の町に行くための橋の段差が大きくなる，マンホールが隆起する，塀が倒れるなど，交通状態が悪くなっている可能性がある。利用者のうち，認知症の人で独居の人，身寄りがない人への対応を行う必要性も検討しなければならない。状況によっては，緊急のショートステイ扱いで受け入れるなどの対応が求められる。

## 3）スタッフ確保の困難に対応する

　なんとか災害発生当日を乗り越えた後も，大規模広域災害では数々の困難に直面する。まず，スタッフの不足である。当然，スタッフやその家族も被災している。育児中のスタッフは，学校も休みになっている場合，子どもを置いて仕事に来られないという事態も発生する。特に夜勤のシフトが難しくなる。また，こうした過酷な状況が長期化する中で体調を崩す職員も現れはじめる。

## 4）物資の不足に対応する

　徐々に，水やトイレットペーパーといった日用品が不足してくる。排泄ケアのための介護用品や医薬品の確保が難しくなり，重度の介護を必要とする人の生きる権利が脅かされる状況が発生してくる。ガソリンの調達が難しくなるなか，安否確認のための訪問，通所サービスの送迎，スタッフの出勤や物資の補給に大きな支障をきたすことになる。病院が被害を受けている場合，病状が急変するなどの状況にあっても，救急車を要請したが近くの病院も機材が使えないということで，搬送先がみあたらないなどの状況が生じ，そのまま施設での対応が必要なことも生じる。

ガソリン調達のため，スタッフが長時間並んで確保しなければならないといった事態が生じる。スーパーやコンビニエンスストアからは物資がなくなってしまう。地域の指定避難所等に様々な支援物資や情報が届く半面，各施設・事業所にはそうした情報が十分に届かない状況もありうる。積極的に情報の収集と施設・事業所の状況を行政機関，地域包括支援センター等と共有していく努力が必要である。こうした中孤立せず，他施設，他法人とのつながりや，利用者の家族，地域住民からの寄付やマンパワーの提供によって危機を脱した事例が報告されている。平常時においていかに地域に根付き，相互の信頼関係を醸成しているかが問われてくるといえる。一方，被災地の外から様々な支援が入ってくる場合，そのためのコーディネートを行うスタッフが必要となる。

5) 生活の再構築に向け，生活機能維持に向けた働きかけを避難直後から行う

元の施設が損壊したり，地形的に施設の倒壊が心配される等の理由から別の施設へ避難している場合，特に，認知症の利用者は，そのこと自体を理解できなかったり，設備がうまく使えないといった混乱が生じる。それによって，元の施設では行っていた買い物，食事作り，食器洗いといった施設内外で利用者が行っていた日常生活行為ができない状況になる。それが長期化すると，元の施設に戻っても，避難前の生活を取り戻すことが難しくなる。例えば，自分の部屋を忘れてしまう，「勝手に私物をさわられていた」「ものがなくなっている」と訴える，これまで二人部屋で安心していた人は逆に不安になる状況になるといった不安・混乱を生じる。そして，してもらう生活に慣れてしまうことで，認知症も進行し，もとの生活を思い出して買い物に行く，食事の準備をするなどのスケジュールを戻すことが困難となる。また，筋力低下のため移動可能な距離が短くなり，トイレまでの移動がおぼつかなくなる場合がある。このような混乱と生活の質の悪化を軽減するためにも，避難先においても，早期から可能な限り，生活機能が維持できるような環境の整備と働きかけを行っていく必要がある。

# 第3節　これからの課題

## ▶ 1. 要配慮高齢者の状況と支援方法の関係者間での共有をすすめる

　災害はいつ，どの程度の規模で発生するかの予測は難しい。そして大規模な災害が発生すると，自らの安全を確保することすら容易ではない状況におかれる。そうした極限の状況の中，要配慮高齢者等への支援を行っていくためには平時における準備が欠かせない。

　まず，災害発生時の避難等に特に配慮を要する高齢者については，その実態の把握と，関係者による情報の共有と顔の見える関係形成，災害時の避難方法等の確認を行っておく必要がある。災害対策基本法では，避難行動要支援者名簿の作成が義務付けられている。また，これらの要支援者の災害時の避難方法について，誰が支援して，どこの避難所に避難させるかをあらかじめ定める個別計画を作成することが推奨されている[7]。個別計画は，避難を支援する人，避難所及びその避難方法，情報伝達方法，要支援者の個人の情報等を記載し，要支援者本人，その家族，自主防災組織・自治会・管理組合，避難を支援する人，市町村がそれぞれ所有し，災害時において要支援者一人ひとりの避難誘導，避難所での生活支援などを迅速かつ的確に実施することを目的としている。高齢の要配慮者の個別計画の作成には，普段，その高齢者とかかわる社会福祉・医療従事者等の専門職が積極的にかかわることが期待されている。介護支援専門員や，その他在宅サービス提供者は，担当の高齢者の個別計画作成において，災害時に想定される困難について当該高齢者やその家族等と相談しながら，関係者とのネットワークを築いておくことが求められる。

## ▶ 2. 長期的視野にたった早期からの多職種連携による包括的支援体制構築

　大規模な災害が起こった際，避難所等において長期間の避難生活を余儀なくされる。さらに，避難所の生活を終えても，仮設住宅に移り，慣れない環境の中での暮らしが継続する場合もある。こうした中，生活機能の低下や要介護度

の重度化などの二次被害につながるおそれがある。避難生活終了後，安定的な日常生活へと円滑に移行するためには，避難生活の早期の段階から，その福祉ニーズを的確に把握するとともに，可能な限りそのニーズに対応し，生活機能の維持を支援していく体制をどう構築するかが重要である。[8]特に要介護状態にある高齢者の場合，医療と介護の連携が必要であり，特に一般の避難所や在宅で生活する要介護高齢者に対し，災害発生の早期から，被災地で要介護者等に係る社会福祉・医療従事者等の専門職，機関と外部から支援に入る専門職が連携し，効果的に機能する枠組みの構築，及びそのトレーニングを行っていく必要がある。

---

〈演習課題〉

1. 加齢に伴う心身の変化の特徴をふまえ，平時において，災害時の円滑な避難・安全確保のために準備しておくことを整理してみよう。
2. 認知症の中核症状をふまえ，災害時に避難所において，認知症の人にどのような困りごとが生じるか，どのような配慮が必要か整理してみよう。
3. 被災後の入所施設で生じるスタッフや物資の不足に備え，平時にどのような準備をしておくべきか整理してみよう。

---

注

1) 日本弁護士連合会ほか編『災害時における高齢者・障害者支援に関する課題』あけび書房，2012 年
2) 内閣府『令和 2 年版　高齢社会白書』2020 年，https://www8.cao.go.jp/kourei/whitepaper/w-2020/zenbun/02pdf_index.html（2021 年 7 月 15 日閲覧）
3) 認知症介護研究・研修仙台センター「避難所を支援した 621 事例から作った避難所での認知症の人と家族支援ガイド」https://www.mhlw.go.jp/content/10600000/000351459.pdf（2021 年 7 月 15 日閲覧）
4) 内閣府「避難勧告等に関するガイドラン①（避難行動・情報伝達編）」2019 年，http://www.bousai.go.jp/oukyu/hinankankoku/pdf/hinan_guideline_01.pdf（2021 年 7 月 15 日閲覧）
5) 内閣府『避難所運営ガイドライン』2016 年，http://www.bousai.go.jp/taisaku/hinanjo/pdf/1604hinanjo_guideline.pdf（2021 年 7 月 15 日閲覧）
6) 認知症介護研究・研修東京センター「東日本大震災時の認知症高齢者の行動と

介護スタッフの対応に関する実態調査研究」2012 年, https://www.dcnet.gr.jp/
pdf/download/support/research/center1/155/155.pdf (2021 年 7 月 15 日閲覧)

7) 内閣府「避難行動要支援者の避難行動支援に関する取組指針」http://www.bou-
sai.go.jp/taisaku/hisaisyagyousei/youengosya/h25/pdf/hinansien-honbun.pdf
（2021 年 7 月 15 日閲覧）

8) 厚生労働省「災害時の福祉支援体制の整備に向けたガイドライン」2018 年,
https://www.mhlw.go.jp/file/06-Seisakujouhou-12000000-Shakaiengokyo-
ku-Shakai/0000209712.pdf (2021 年 7 月 15 日閲覧)

**参考文献**

上野谷加代子監修, 日本社会福祉士養成校協会編『災害ソーシャルワーク入門』中
央法規出版, 2013 年

高橋恵子・中村考一『大地震から認知症高齢者を守れ!!―小規模介護事業所の実
体験から―』ぱーそん書房, 2018 年

西尾祐吾・大塚保信・古川隆司『災害福祉とは何か―生活支援体制の構築に向けて
―』ミネルヴァ書房, 2010 年

# ■ いまこそ，認知症の人と災害時に生きる努力を

高橋　惠子

熊本県認知症介護指導者

　今，熊本といえば，熊本地震や県南部を襲った豪雨災害を思い起こす人も多いのではなかろうか？　かつては温暖な気候で温泉も多く，熊本城など観光地のイメージが強かった。しかし，その頃でも，断層に潜む大規模地震の可能性は，地質の専門家の間では有名だった。調べると地元紙でも取り上げていた。人には，正常性バイアスと呼ばれる心理的操作があり，どうにも嫌なものは無意識に感じなくなるものらしい。自分たちはなんとなく大丈夫と思ってしまう。東日本大震災や熊本地震の後も，災害対策の重要性を各地で話したものの，時に介護職でさえ「ここは海に近いから，津波が来たらどうしようもないね」と笑顔で話していたのを聞いて，ひとり落ち込んだことがある。地震から利用者を守るために，近所の人に頭を下げるなど考えられないという。あえて，いつ来るかわからない災害時の生きるための努力より，日常を平穏に暮らす方を選んでいたのかも知れない。

　熊本を襲った豪雨災害では，大切な利用者の命が多数失われた。それらの事業所は，すべてを失っていったが，毎年避難訓練は行政の指示通り，計画を立てて実施していた。例えば「滞在型」の避難計画。そこに濁流は来ない予定だったが，事業所も行政も想定が外れたのである。過去の災害とは全く異なる最大級の暖湿気流の流入や付近の森林破壊による土砂災害のレベルは，誰もが想定していないことばかりだった。

　熊本地震から5年以上が経った今，私が思い出すのは避難所での日々である。大型地震の前触れとなるアラームがひっきりなしに鳴り続け，布団を敷き詰めて，認知症の人と頭から布団をかぶった。多くの人は，建物の倒壊を恐れ野外で寝たり，車中で寝ていた。想像を超えた破壊力で，自宅も倒壊した職員も車中で寝て仕事に来ていた。地震の時も，認知症の人と生きてくれた職員には，今も感謝しかない。

　そして今こそ，各介護現場において，大規模災害時の命を守り，介護職員の不安を減らすため，あえて過去の災害に学ぶことを進言したい。

*column*

86

# 第7章　医療福祉分野における支援

## 第1節　平時における取り組み

### ▶ 1. 災害医療の歴史と概要

　日本は地理的な特性から地震, 火山噴火, 台風, 水害などの自然災害が歴史的に多い国土であり, 近年の異常気象等から水害や土砂災害はさらに増加傾向にある。まずは災害医療の概要について整理していく。

　昭和以前の大災害では, 災害による直接的な被害, すなわち建物倒壊や火事, 津波, 河川の氾濫によって受傷した人々への対症療法で, 主に急性期外科医療に限定されていた[1]。

　日本の災害医療を大きく変えたのは, 1995 (平成7) 年1月17日の阪神・淡路大震災である。超急性期に現場で医療活動をするチームが少ないという教訓から, 発災直後に救命医療を行う災害派遣医療チーム (DMAT) をつくる契機となった。それまで現場に介入していたのは自衛隊と日本赤十字社であった。実際DMATが創設されたのは10年後の2005 (平成17) 年である[2]。同年のJR福知山線脱線事故は, 近傍の20医療機関が現場派遣医療チームをつくり対応するという画期的なアプローチがなされ, DMATも出動した[3]。

　災害精神保健医療活動も阪神・淡路大震災における心のケア活動から始まったとされている。当初は身体的な医療支援の後に心のケア活動が開始されたが, 2011 (平成23) 年3月11日の東日本大震災によって, 急性期の精神支援の必要性, 統括体制における精神支援の位置づけ, 平常時の準備の重要性などが指摘され, 2013 (平成25) 年, 災害派遣精神医療チーム (DPAT：Disaster Psychiatric Assistance Team) の発足に至った[4]。

　2010 (平成22) 年には日本医師会によって, 日本医師会災害医療チーム

（JMAT：Japan Medical Association Team）が立ち上がり，東日本大震災ではその活動が高く評価された。[5] 東日本大震災では，外傷などの救命活動だけでなく，避難生活の長期化に伴う健康への影響が課題となり，二次的な健康被害の防止も視野にいれた保健医療活動の重要性が指摘された。こうして 2014（平成 26）年に災害時健康危機管理支援チーム（DHEAT：Disaster Health Emergency Assistance Team）の提言がなされ，2018（平成 30）年から活動を始めた。[6]

忘れてはならないのは阪神・淡路大震災と同じ 1995（平成 7）年 3 月の地下鉄サリン事件である。これは，化学兵器やテロへの対応，集団災害医療などの体制を早急に整える契機となった。[7] 東日本大震災では，津波被害に加えて，福島第一原子力発電所事故による放射性物質の拡散が，人類史上に残る二次災害を起こした。自然災害だけでなく，人為的災害や CBRNE［シーバーン］（化学物質 Chemical，生物 Biological，放射性物質 Radiological，核 Nuclear，爆発物 Explosive）のような特殊災害も災害医療の対象となる。[8] そして今，人類は新型コロナウイルス感染症パンデミックの真っ只中にいる。疫病もまた災害医療に含まれ，災害医療の対象と範囲は広い。

この 30 年の大きな変化は，発災時に病院で患者を待つのではなく，医療者がチームを組んで現場に赴くことが普通になったこと。また混乱する発災直後の急性期医療だけでなく，災害関連死の予防，慢性期医療支援，公衆衛生的支援などの仕組みが構築されたことである。

### ▶ 2. 災害医療における平常時の備え

平常時にできないことを，災害時の混乱の中で行うのは難しい。よって，平常時の備えが地域住民を守る上で重要である。

筆者が診療を行う栃木県では，救急・災害医療運営協議会災害医療体制検討部会（以下，検討部会）を設置し，平時から災害時の医療救護活動に関する連携体制の整備を図っている。検討部会は，災害医療コーディネーター，栃木県医師会などの医療関係団体，宇都宮市保健所，消防機関，自衛隊等のメンバーで構成されている。[9] 診療所や事業所レベルで関わるのは，その下部組織となる同

検討部会の地域分科会である。またDMATの運用や人材育成などを検討するため、災害拠点病院（DMAT指定医療機関）、栃木県医師会、日本赤十字社栃木県支部、自衛隊、消防機関、警察本部で構成される栃木県DMAT連絡協議会もあり、連携体制の整備を図っている。[9]

　人材育成という視点では、大事故災害への医療対応の教育研修として英国でつくられたMajor Incident Medical Management and Support（MIMMS、ミムス）が有名である。MIMMSでは救急救命士、消防官、医師、看護師、警察、自治体職員等を主な対象に、講義、机上演習、ワークショップ（無線通信や個人防護服等）などの様式で学習する。[10]多数傷病者に対する医療対応の教育研修としては日本集団災害医学会（現、日本災害医学会）が開発したMCLS（Mass Casualty Life Support）がある。これはMIMMSを踏まえ、多機関・多職種間で共通概念と共通認識による連携に基づいた災害対応を目指すものである。消防、警察関係者向けに開発されたが、現在では医療関係者、海上保安庁職員、自衛官、医療資格を目指す学生など様々な関係者が対象となっている。[11]日本災害医学会ではその他に、災害薬事研修コース（PhDLS）、地域保健・福祉における災害対応標準会トレーニングコース（BHELP）、日本災害医学会セミナー（JADMS）などを開催している。特記すべきはBHELPコースで、被災者の生命と健康の維持、災害発生直後からの被災地内での災害対応能力の向上を目的とした研修であるが、その対象に社会福祉士、精神保健福祉士、介護福祉士、防災に関わる行政職などの福祉職が含まれる。[12]

## ▶ 3. 地域における多職種連携勉強会「つるカフェ」の防災への取り組み

　筆者が開設したつるかめ診療所は栃木県南部の下野市に位置する。人口6万人の農村地帯で市内に自治医科大学附属病院（以下、自治医大）を有する医療と農業の町である。当院は在宅医療を行い、開業当初から多職種連携に力を入れてきた。しかし東日本大震災では、震度6弱の強い揺れにともない停電が続き、通信手段が途絶えると連携もできなくなった。この教訓を活かすべく、2011（平成23）年6月に現所長の鶴岡優子医師が中心となり、多職種連携勉強会「つる

カフェ」を立ち上げた。在宅ケアに関わる医療，介護，福祉，行政，市民の連携を目指し，「顔が見える以上に，お茶する関係」を掲げた学びと交流の場である。当初は不定期開催だったが，現在は毎月第4週火曜日に実施している。参加者は下野市内のケアマネジャー，訪問看護師，訪問介護職，保健師，医師，薬剤師，社会福祉士，精神保健福祉士，歯科医師，病院看護師，病院医師，行政職員，医学生，看護学生，当事者，民生委員，住民など多様である。店主の鶴岡優子氏による司会進行で，ミニレクチャーとグループワークから構成され，お茶を飲みながら気軽に参加できる勉強会である。

　ここでは2016（平成28）年9月から始めた防災に関わる活動について紹介する。表7-1のように第25回つるカフェを皮切りに1年かけて連続10回に渡って行われた。第25回から第28回はグループワークにより参加者の意識のすり合わせと課題抽出を行った。第27回では当地の自治会長からその取り組みを紹介いただいた。「向こう3軒両隣」を合言葉に，自治会を中心とした自主防災組織を構築するなど地元では有名な自治会長である。筆者も専門職である前に住民であることを意識し，自治会活動に参加している経緯があった。防災に対するつるカフェ参加者の問題意識が明らかとなったところで，第29回から第35回は，市役所の防災担当職員，医師会ICT担当理事，自治医大病院長，保健福祉センター所長，社会福祉協議会の防災担当課長，訪問看護ステーション所長等をゲストに迎え，平常時の備えについて発表していただき共有した。ハザードマップの確認，福祉避難所の確認，安否確認すべき虚弱患者の優先順位，ICT連携による地域での効率的な安否確認体制，各種医療機器のバッテリー確保など，様々な課題が浮き彫りとなり，多職種多機関で事前にネットワークを組み検討する必要性に気づかされた。このシリーズの中で，地域で防災に取り組むことが，実は地域包括ケアシステムの完成型という意識が徐々に根付いていった。

　全10回に渡る防災シリーズの集大成は，年1回開催のつるカフェ市民講座である。2017（平成29）年10月26日に第5回つるカフェ市民講座「防災から取り組む地域包括ケア〜おのおの抜かりなく〜」を開催した。前半は地域医療

## 表7-1　つるカフェ防災シリーズの内容

| 日時 | 会の名称 | テーマ | 講師 |
|---|---|---|---|
| 2016 年 9 月 27 日 | 第 25 回つるカフェ | 防災から取り組む地域包括ケア：自助 | 鶴岡優子 |
| 10 月 25 日 | 第 26 回つるカフェ | 防災から取り組む地域包括ケア：その 2 | 鶴岡優子 |
| 11 月 29 日 | 第 27 回つるカフェ | 防災から取り組む地域包括ケア：その 3<br>自助からご近所 | 渡辺欣宥<br>（自治会長，民生委員） |
| 12 月 27 日 | 第 28 回つるカフェ | どこでも連絡帳，ルール改定！ | 鶴岡優子 |
| 2017 年 1 月 24 日 | 第 29 回つるカフェ | 防災から取り組む地域包括ケア：その 4<br>その時に下野市はどう動く？ | 下野市役所<br>（安心安全課，高齢福祉課） |
| 2 月 21 日 | 第 30 回つるカフェ | 防災から取り組む地域包括ケア：その 5<br>どこでも連絡帳の活用 | 長島公之<br>（栃木県医師会理事） |
| 3 月 28 日 | 第 31 回つるカフェ | 防災から取り組む地域包括ケア：その 6<br>災害時の公衆衛生活動 | 大橋俊子<br>（栃木県南健康福祉センター長） |
| 4 月 25 日 | 第 32 回つるカフェ | 防災から取り組む地域包括ケア：その 7<br>どこでも連絡帳で共有する情報 | 長島公之（栃木県医師会理事）<br>佐田尚之（自治医大病院長） |
| 5 月 23 日 | 第 33 回つるカフェ | 防災から取り組む地域包括ケア：その 8<br>災害医療のコーディネート活動 | 山下圭輔（栃木県災害医療コーディネーター） |
| 6 月 27 日 | 第 34 回つるカフェ | 防災から取り組む地域包括ケア：その 9<br>災害時職場はどのように動くか | 小林正則（下野市社協，課長）<br>山下幸子（訪問看護ST 所長） |
| 7 月 25 日 | 第 35 回つるカフェ | 防災から取り組む地域包括ケア：その 10<br>災害時，利用者さんはどう備える？ | 鶴岡優子 |
| 8 月 26 日 | 第 5 回つるカフェ市民講座 | 防災から取り組む地域包括ケア<br>〜おのおの抜かりなく〜 | 古屋聡（山梨県山梨市立牧丘病院院長） |

分野で災害医療の第一人者である古屋聡氏の講演，後半は「つるカフェてんでんこ～防災から取り組む地域包括ケア～」と題して全10回の成果を各演者が市民に発表した。

　その後もつるカフェで防災は度々取り上げられ，2018（平成30）年3月の第41回つるカフェでは「防災に『どこでも連絡帳』をとりいれる」と題して開催した。「どこでも連絡帳」とはMedical Care Station（MCS）という無料で使える医療介護用SNSの栃木県での愛称である。現場ではさらに略して通称「どこ連」と呼ばれている。現在下野市では通常の医療介護連携をMCSで行っており，これもつるカフェでシリーズ化して皆でスキルを身につけた。第43回では「防災に『どこでも連絡帳』を役立てる，第3弾　例えば鶴亀ゴローさんの場合」と題し仮想災害シナリオで防災訓練を実施した。

　これらの詳細については勇美記念財団の報告書に記されており参照されたい。[13]

## 第2節　災害時における取り組み

### ▶ 1. 災害時における災害医療の基本事項

　あらゆる災害に適用できる重要な概念がCSCATTTで，DMAT，JMAT，日本赤十字社など日本の災害医療を担うほとんどの組織がこの考え方を取り入れている。MIMMSが広めた概念で，Command & Control（指揮，統制），Safety（安全），Communication（情報），Assessment（評価），Triage（トリアージ），Treatment（治療），Transport（搬送）の頭文字である。後半のTTT（3T's），つまりTriage，Treatment，Transportが上手くいくと災害時医療の8割は成功すると考えられ，そのためにCSCAが大事である。最初のC（Command & Control）は指揮命令系統の確立を意味し，これがないと現場の混乱は加速する。指揮命令系統の確立は，災害時にその場で出来上がるものではなく，栃木県であれば先述の検討部会で有事に備えて既に指揮命令系統の配置は決められている。S（Safety）は安全を示すが，さらに3つのSがあり，Self（自分自身），Scene（現場），Survivor（傷病者）である。自分自身の安全，現場の安全

を確保し，それができない状況では傷病者にアプローチしてはいけない。2つ目のC（Communication）は，情報の集約化と適切な発信を意味する。よって通信機器が重要な道具となってくる。最後のA（Assessment）は評価で，集めた情報を短時間で分析し，3T's の戦略を立て，どう発信するかを意味する[14]。超急性期の災害現場では医療チームがCSCATTT に基づき行動していることを知っていただきたい。

トリアージも災害医療で重要な考え方である。現場や現地の医療機関では，傷病者の重症度，緊急度，搬送・応急処置の能力，病院の医療能力などを考慮に入れ，誰を先に搬送するか，誰を先に治療するか等の決断を迫られる。これをトリアージと呼び，**表7-2**のように赤，黄，緑，黒色の4つの色でカテゴリーに振り分け，トリアージ・タッグと呼ばれる識別票をつけ可能な限り多数の救命を目指す[15]。

新型コロナウイルス感染症の発端となったダイヤモンド・プリンセス号への対応で話題になったゾーニングについても紹介する。CBRNE テロや災害では，原因物質の特性だけでなく，風向き，気温，距離などを考慮して，3つの区域を設定する。災害時のゾーンとは，危険が存在する環境下で，同一の安全管理，リスク管理体制のもと活動できる空間単位といえる。ホットゾーン（hot zone），ウォームゾーン（warm zone），コールドゾーン（cold zone）の3区域を設定する。

### 表7-2　トリアージにおける4つのカテゴリー

| 識別色 | 分類 | 傷病の状態 | 優先順位 |
|---|---|---|---|
| 赤色（Ⅰ） | 最優先治療群（重症群） | 直ちに処置を行えば，救命が可能な者 | 1位 |
| 黄色（Ⅱ） | 待機治療群（中等症群） | 多少治療が遅れても生命に危険がない。基本的にバイタルサインが安定。 | 2位 |
| 緑色（Ⅲ） | 保留群（軽症群） | 上記以外の軽易な傷病で，専門医の治療を必要としない者 | 3位 |
| 黒色（0） | 不処置群（死亡群） | 既に死亡している者。又は直ちに処置を行っても救命不可能な者。 | 4位 |

出所：黒田研二・鶴岡浩樹編著『新 MINERVA 社会福祉士養成テキストブック16　医学概論』ミネルヴァ書房，2021年，p.131

ホットゾーンは危険区域で，原因物質に暴露される可能性のある区域。ウォームゾーンは，原因物質は存在しないが，傷病者のトリアージや除染などを介して間接的に暴露される可能性のある区域。コールドゾーンは汚染のない比較的安全な区域を意味する。[16)]

### ▶ 2. 災害時における地域ネットワークの対応

　つるカフェは防災シリーズによって認知度が上がり，2018（平成30）年度から下野市高齢福祉課と小山地区医師会との共催となり，行政や医師会の一事業に位置づけられるようになった。ここでは，つるカフェネットワークの災害対応の事例として「どこでも連絡帳」と Zoom の活用について紹介する。

　どこでも連絡帳，通称「どこ連」は先述の MCS というアプリを使った SNS である。東日本大震災で通信が途絶えて連携ができなくなった教訓から，2014（平成26）年5月の第11回つるカフェで「どこ連」を紹介した。これを機に「どこ連シリーズ」がつるカフェの重要なテーマとなった。ゲーム感覚でスマートフォンを操作してもらうなど試行錯誤の回を重ね地域の多職種に根付かせていった。7年経過した今，下野市の在宅医療は「どこ連」をなくして語れないほど活用されている。ケアマネジャー，訪問看護師，訪問介護職，在宅医，病院医師，社会福祉士，理学療法士，薬剤師などが患者毎にタイムラインを形成して情報共有している。2015（平成27）年9月の豪雨によって鬼怒川が決壊した際，支流となる下野市内の姿川が氾濫し，市内の一地域が浸水し停電となった。この時，筆者は東京におり鉄道も止まり栃木に戻れなくなったが「どこ連」のおかげでリアルタイムに担当患者の安否確認と適切な指示を出すことができ，人命に関わる被害は出なかった。東日本大震災時は電話が使えず，ケアマネジャー，訪問看護師，訪問介護職がバラバラに安否確認に行き，情報共有もままならなかったことを振り返ると格段の進歩であった。2019（令和元）年10月に西日本，東日本を襲った台風19号（Hagibis）は史上最強と報道された大型台風であった。下野市では姿川と田川の2河川が氾濫し避難所を設営したが，その避難所もまた水害の危機に見舞われ，別の避難所に移る事態となった。この時

は市役所および地区医師会の関係者と「どこ連」でつながり，避難所に集まった住民の健康状態や衛生状況などリアルタイムで共有でき，SNS等の通信機器による災害時連携の強みを改めて確認することができた。

コロナ禍が始まろうという2020（令和2）年1月の第60回つるカフェは「新型ウイルス肺炎をきっかけにリスクマネジメントを見直そう」と題して開催した。この回が通常通り開催できた最後のつるカフェとなった。その後は，集まること自体が難しくなり，毎月開催が続けられなくなった。開催できても人数制限，ソーシャルディスタンス，換気など工夫をこらした。この間，**図7-1**のように「どこ連」を駆使して情報共有を行った。しかしSNSだけでは物足りない部分も多く，安全な方法で顔を合わせたいとの思いが募り，2020（令和2）年10月の第63回つるカフェからZoomを使用しての開催となった。遠隔地からの参加も可能となり，この回は，風に立つライオン基金×Japan Heart共催の介護施設・福祉施設向けのコロナ感染予防プロジェクト「ふんわりチャ

通常の患者情報

新型コロナウイルス感染症情報

医師会等,
職能団体からの情報

栃木県の感染状況に
関する情報

行政からの情報

MCS
どこでも連絡帳
（どこ連）

感染予防マニュアル　　感染予防ハンドブック

ガイドライン　　　　研修会などの情報

新作ドラマ情報

映画ケアニン
オンライン上映会情報

**図7-1　コロナ禍におけるMCSによる情報共有**

ンポン大作戦」を紹介した。その後，市内の介護付き有料老人ホームを舞台に
同プロジェクトを実践し，つるカフェメンバーで施設内のゾーニングなども学
習した。第64回，第65回つるカフェでは「ウチがクラスターになる日」と
題したシナリオを作成して，目の前にある危機について，グループワークで意
見交換した。Zoomを活用したオンラインという新しいスタイルに戸惑う関係
者も多かったが，開催直前に10分間のZoom操作のレクチャーを実施するこ
とで，再び参加者が増え，毎月開催も可能となった。現在の最大の関心事は新
型コロナウイルスのワクチンで，これに関するトピックをつるカフェで扱って
いる。

## 第3節　これからの課題

　本稿では，災害医療という視点から基本的知識を踏まえ，地域でどのように
活動すれば良いか，筆者の取り組みを事例として紹介した。災害は，地震や豪
雨による水害だけではない。津波，火山噴火，感染症，産業災害，CBRNEな
ど様々である。起きた災害の特性に応じて，その対応は変わってくる。住民の
生活と健康を守るためには，多職種，多機関，地域住民が一体となって取り組
んでいかなければならず，そのためには，平時にいかに準備するかが鍵である。
地理的状況，天候，産業，文化，人口構成，社会資源などは地域によってそれ
ぞれが異なるので，社会福祉・医療従事者としておかれた地域で，何ができる
か考え，平時からネットワークを構築して備えることが重要である。1970年
代にWHOが提言したプライマリ・ヘルスケアの概念，これに続く1980年代
に登場したヘルスプロモーション（自らの健康と健康を決定づける要因を，自らよ
り良くコントロールできるようにしていくプロセス）のノウハウは現代の保健医療
分野の基本的な行動指針といえる。このような公衆衛生の基本的な考えの土台
には，基本的人権，格差の是正，社会正義，住民参加，自己決定を推進，自立
支援，社会資源の有効活用，チームでニーズに対応等のキーワードが散りばめ
られている。ヘルスプロモーションに長年関わっている筆者の印象からすると，

地域福祉と保健医療は重なる部分が多い。地域福祉で蓄積されたノウハウと，ヘルスプロモーション等のノウハウを組み合わせ，防災から地域共生社会を考えていければと願っている。

---

〈演習課題〉

1. CSCATTT を振り返り，あなたの地域における災害時の指揮系統を調べてみよう。
2. 自然災害から CBRNE［シーバーン］まで，あなたの地域で起こり得る災害を想像し，あなたの立場でできることは何か考えてみよう。
3. あなたの地域では災害時にも活用できる ICT 連携が実践できているか確認してみよう。

---

## 注

1) 石川広己「災害と医療のあり方」日本医師会編『災害医療 2020』メジカルビュー社，2020 年，pp.30-34
2) 小井戸雄一「DMAT」日本医師会編『災害医療 2020』メジカルビュー社，2020 年，pp.106-108
3) 鵜飼卓・石井昇・吉永和正ほか「JR 福知山線脱線事故に対する救急医療救護活動」『日本集団災害医学会雑誌』12 巻，2007 年，pp.1-11
4) 渡路子「急性期の対応と DPAT」日本医師会編『災害医療 2020』メジカルビュー社，2020 年，pp.360-364
5) 石原哲・猪口正孝・小平博「JMAT」日本医師会編『災害医療 2020』メジカルビュー社，2020 年，pp.109-112
6) 千島佳也子「DHEAT」日本医師会編『災害医療 2020』メジカルビュー社，2020 年，pp.113-114
7) 奥村徹『緊急招集（スタットコール）―地下鉄サリン，救急医は見た―』河出書房新社，1999 年
8) 箱崎幸也「特殊災害と CBRNE」日本医師会編『災害医療 2020』メジカルビュー社，2020 年，pp.288-293
9) 栃木県「栃木県災害医療体制運用マニュアル（平成 29 年改正版）」栃木県，2017 年，pp.42-43
10) 橘田要一「MIMMS」日本医師会編『災害医療 2020』メジカルビュー社，2020 年，pp.86-88
11) 中川雄公「MCLS」日本医師会編『災害医療 2020』メジカルビュー社，2020 年，pp.92-93

12) 佐藤栄一「PhDLS/BHELP」日本医師会編『災害医療2020』メジカルビュー社,
2020年, pp.94-96

13) 鶴岡優子「つるカフェてんでんこ〜防災から取り組む地域包括ケア〜」勇美記
念財団, 2018年 http://www.zaitakuiryo-yuumizaidan.com/data/file/data2_
20180831103334.pdf (2021年5月8日閲覧)

14) 小井戸雄一・石井美恵子編著『多職種連携で支える災害医療』医学書院, 2017
年, p.11

15) 黒田研二・鶴岡浩樹編著『新MINERVA社会福祉士養成テキストブック16
医学概論』ミネルヴァ書房, 2021年, p.131

16) 中島幹男「ゾーンの設定」日本医師会編『災害医療2020』メジカルビュー社,
2020年, pp.299-301

# ● 新型コロナウイルス感染症と災害時保健活動

### 梅澤裕子
浦安市健康こども部健康増進課

　新型コロナウイルス感染症の流行により，世界中が様々な面で影響を受けているのは，周知の事実である。保健活動は，感染症流行といった健康危機が顕在化すると，活動が増大する。いわゆる「3密」の回避，マスク着用や手洗いの励行等感染予防のための周知啓発を行うことも保健活動に当たり，感染症予防のためのワクチン接種体制構築も広い意味で保健活動と捉えられる。健康危機が潜在化している平時より健康危機管理の優先順位が高くなると，保健活動が皆の目につきやすいのではないだろうか。

　新型コロナウイルス感染症流行も災害も，人々の生活習慣を一変させる健康危機と捉えられる。保健師等の行政職員は，災害による負傷の悪化や避難生活等における心身の負担から来る疾病により引き起こされる二次的健康被害や災害関連死を減らすことを目的に，避難所での環境整備や健康保持のための知識の普及啓発等の保健活動を行い，必要に応じて医療や福祉等のサービスにつないでいく。

　新型コロナウイルス感染症に話を戻すと，これだけ多くの人々にワクチン接種が行われることは前代未聞だが，地元医師会・病院，入所系施設，学校や商業施設等，医療，福祉，教育など地域の多分野の関係機関・団体の協力があるからこそ，実現できている。有事に備えて平時から行政と地域の関係機関・団体と関係性を構築しておくことの重要性を痛感している。

　災害時には，過去の経験だけでは解決が困難な想定外の出来事が起こり，これまでと違ったアプローチが必要になると予測される。平時の活動から専門職として想像力を働かせ，住民・他職種・関係機関や団体との顔の見える関係から得られる情報を基に，その時にできる最善の支援を選択・実行していくことが求められる。

*column*

# 第8章　マイノリティに対する支援

## 第1節　平時における取り組み

　平時におけるマイノリティの人々への支援を考えるとき，まず地域でマイノリティの人々への理解を様々な機会を用いて広げていくことが求められる。一般的にマイノリティとは多数派に相対する概念として位置づけられている。とりわけ社会のなかで少数派と位置づけられる人々をさす意味で用いられることが多く，多数派の人々から見れば，接することの少ないもしくは気づきにくい存在である。そのため差別や偏見，あるいは日常生活において不平等が生じやすい対象でもある。

　本章では，マイノリティとして外国にルーツを持つ人，性的少数者，ホームレス，女性などに焦点をあて，その支援を考えていく。しかし一言でマイノリティと表しても，それぞれに対応が異なる。例えば，外国にルーツを持つ人については，長年にわたって日本に住んでいる人，仕事のために短期間在留している人，または旅行者など様々である。外国にルーツを持つ人の場合，外見や言葉でわかることもあるが，性的少数者は一見して可視化されることは少ない。またホームレスの人々については，地域によってその状況は様々で，日常的に見かける地域もあれば，全く見かけることのない地域もある。

　女性については，平時においてマイノリティとはいえないが，場面によってマイノリティと認識されることがある。例えば，令和2年版の防災白書では防災における女性の視点を取り入れるべく「男女共同参画」の取り組みを進めているが，女性委員の割合は男性委員に比べて低いままで，委員の割合を見る限り女性はマイノリティの存在であるともいえる。場面や状況によってマイノリティの存在は変化することもあるが，ここでは，外国にルーツを持つ人，性的

少数者，ホームレスについて個々にみていく。

## (1) 外国にルーツを持つ人

　外国にルーツを持つ人に関しては，地域によってその国籍やルーツ，人数や集住地域などが様々である。まずは対象となる地域の現状を把握することが求められよう。その際，自治体に住民登録をしている人だけでなく，短期の在留者にも意識を向けなければならない。そして彼らの日々の営みは，職業に従事している人，学校に通っている人（学校の種別も様々である）など多様である。

　しかし平時から防災や災害時の対応という視点で聴き取りなどを行えば，その生活圏や主に使用する言語，生活習慣や日本語の習熟度などを把握できる。さらに多言語や災害時の避難先はイラストで描くなど，視覚で理解できるパンフレットを作成，転入の際の手続き時に配布，周知する。また日常的に外国人を支援する NPO などに関連の資料を置いたり，自治体のホームページで，緊急時の連絡先や相談窓口，避難場所や避難ルートなどの情報を掲載することなどが最低限求められる取り組みといえよう。

　地域には，外国にルーツを持つ人の様々なコミュニティが，モザイク状に存在していることも多い。彼らの相互が不干渉であったり無関心である場合もあるので，キーパーソンや橋渡し役の存在を把握することも必要だろう。

　また，こんなことも考えられる。例えば，日本語学校や地元カルチャーセンターの語学講座の主催団体を貴重な情報の発着基地の一つとして認識し，平時から関係を深めておく。その関わりの中から彼らのニーズを抽出し災害に備えるだけでなく，災害時には彼らからも通訳をはじめとした何らかの支援協力を得られるような「補完しあう関係」の構築を目指すことは，地域社会を豊かに開発することにもつながるだろう。

## (2) 性的少数者

　性的少数者と言われる人々は，当事者やその家族が差別や社会的排除を怖れ，自らが意識的にその存在を示さなければ一般的には可視化されにくい。そのよ

うな存在だからこそ，平時から個人情報を遵守し，誰でもが匿名で相談できる窓口の設置が求められる。加えて本人が直接，相談などの申し込みができるしくみにすることも大切である。

　同性同士で事実婚を営んでいる人たちが大規模災害に遭遇し生活基盤を損なった場合，既存の制度だけでは適用外や対象外になる事柄も少なくない。2015（平成27）年11月，渋谷区と世田谷区はわが国で初めて同性カップルを「結婚に準じる関係」と認める証明（パートナーシップ証明）制度を開始し，2021（令和3）年4月1日現在，110自治体が導入するようになったが，いまだ平時においても様々な生きづらさを抱えながら生活している人たちの存在を「想定外」に追いやってはならない。

### (3) ホームレス

　外国にルーツを持つ人や性的少数者とは異なり，ホームレスの場合は地縁・血縁でさえつながっていない，住民票さえないなど，「顔の見える関係」にないことが多い。それらが災害時には生命のハンディキャップとなることは明らかである。平時からホームレス支援を実施している団体などと協力し，日常生活の動きなどをマッピングし，適切な支援を伝えられるよう災害時のリスクを軽減する工夫も求められる。また地域防災計画にも住居不定者や生活困窮者などをどのように避難に誘導するか，その方法の配慮も求められる。簡易宿泊所やマンガ喫茶，銭湯，労働者の宿舎等を運営している機関など，ホームレスと「顔の見える関係」にある人々との日頃からの情報共有が不可欠である。

　ここで取り上げた外国にルーツを持つ人，性的少数者，ホームレスだけでなく，ほかにも地域には「気づかれないマイノリティ（少数者）」の人がいることを想定しておくことは，誰にとっても安全・安心なまちづくりにつながることになる。

# 第2節　災害時における取り組み

　内閣府（防災担当）の「避難所運営ガイドライン」の国際基準，いわゆる「スフィア基準」に示されているように，「災害時には皆同じ被災者である」。地域でその存在が見えづらいマイノリティの人々も，同じ被災者であるという認識が必要となる。当事者たちは自らのニーズについて声をあげにくい，あるいはその手段さえ持たないということがある。一般的に外国にルーツを持つ人，加えて短期の在留者や旅行者など，災害時，どこにどう逃げれば良いのか，日本語や緊急のサインがわからないこともある。また避難するにしてもどのような方法で誰に聞けば良いのかわからないという場合もある。一方，性的少数者の場合は，当事者だけでなく家族も近隣の人たちからの偏見や差別を怖れるために，災害時でもそのニーズを伝えようとしないことがある。災害時の緊迫した状況下では，お互いにどのような配慮が必要かなどを考える余裕さえない。ホームレスも携帯電話など通信手段がない場合は，適切な居場所がわからず不安のまま過ごすことになる。避難所では身体の衛生状態や異臭などから，集団での生活になじまず，疎外，排除されることもある。

　災害時，避難所での生活でのマイノリティ支援には，以下の配慮が求められる。

1. 避難所では，外国にルーツを持つ人や短期の在留者，旅行者などにもわかりやすい日本語で話し，時にはイラストなどを用い，視覚で理解できるチラシを配布するなど，情報伝達にはすべての人がわかる工夫を行う。

2. 避難所では，言葉・文化（生活習慣やそれぞれの宗教の尊重など）・情報などを尊重したスペースを確保する。

3. 避難所では，男女別という二者択一でトイレや生活スペースが選定されることが多いが，それぞれの性自認があることの配慮に基づき，多目的トイレや更衣室を選ぶことができる機会をつくる，それらが無理な場合は，着替えのための仕切りなどを設けてその場所を選べるように配慮する。

4. 避難所で，日々の生活に関する要望について声をあげにくい人たちには，携帯などで個別に投稿する機会を設けたり，災害で携帯などの通信手段を失っている人もいるので，匿名性を担保しながら意見が出せる相談窓口や要望を紙に書いて出す投書箱などを用意し，少数者の意見も尊重する機会を確保する。

5. 災害時には女性用の下着や生理用品など女性用の物資が不足するため，可能な限り，同性の支援者から直接，対象となる被災者へ渡せるようなしくみをつくる。

6. 夜中，子どもや女性がトイレに行く際，性的な被害を受けないような配慮をし，女性用のルートの確保や下着など洗濯物の干し場が外から見えないような工夫を行う。

7. 子どもの夜泣きのたびに周囲に気を遣い，寒い戸外に子連れで出なくても良い場所や安心して授乳できる場所の確保を行う。子どもが多少騒いでも，母親，父親，保護者が周囲に気を遣わずにすむスペースを設ける。

8. 避難所などの集団生活で環境の適応が難しい人々のために，個別のスペースを作ることのできる材料なども準備する。避難所での生活が困難な人たちのために在宅での避難や地域での社会資源を活用した避難場所（社会福祉施設など）の選択肢も考えておく。

　マイノリティの人たちの不安や困難を軽減して「安心」につなぐことができるように，SNSなどを活用し生活に関する情報を伝えていくことや一人ひとりの主体的な判断や行動を助けていくことも求められる。マイノリティの人々を支援の対象とするだけでなく，自らが動くことのできる情報を伝えていくことも重要である。

　災害時にこそ，無理解や誤解，偏見や差別への配慮が必要不可欠となるが，大きな混乱のなかで，マイノリティに対する配慮は欠落しがちである。災害時においても，人種や性を超えた多様性や人権を尊重する社会の実現のためには，一人ひとりがお互いの「違い」を一つの個性として受けとめ，認め合う多文化共生社会の形成が求められている。それらを実現できる平時の取り組みや災害

時の対応が不可欠となる。

## 第3節　これからの課題

　平時や災害時だけでなく，災害後の支援は長期にわたるものであり，継続的な支援が求められる。災害による人々への影響は，むしろ災害後に明らかになっていく。これからの課題としては，外国にルーツを持つ人，外国人の短期在留者や旅行者，性的少数者，ホームレス，女性などを含め，被災者のなかには声をあげることができない人々がいることを認識し，そのための取り組みを始めることである。

　具体的には，災害後も継続して匿名性が担保される相談窓口やその内容を記録して検証し，それを今後の防災計画などに反映していくことである。これまでも災害後には多くの調査や被災者の声を把握するアンケートなどが実施された。その結果を反映した施策，例えば災害時に皆で活用できる備蓄倉庫や避難場所の検討がされ，地域に周知されてきた。しかしそれらはまだ不充分であろう。これまでの災害に関する知見を活かし，マイノリティの存在を「想定外」の存在とすることなく，誰でもがどんな状況に置かれても安心して住めるまちづくりや防災計画，支援方法が求められる。

　マイノリティであるがゆえに，避難所に行きたくても行けない場合，前もって相互の受け入れを話し合える人間関係があることが理想であるが，地域の社会福祉施設などで，性的少数者や女性を受け入れるなどの方法も考えられる。

　女性の被災者には，同性による相談対応を実施することや個人情報の保護や匿名性が担保できる相談窓口の設置などが求められる。また地域によっては，伝統的な性的役割分業のもとで，災害時の炊き出しや清掃作業，高齢者の介護など女性だけに強要されることのないよう，ジェンダー視点に基づいた多様で柔軟な対応を考えることもこれからの課題となろう。

　そのための準備として，社会福祉協議会などが主催する福祉教育では，多様な人々が暮らす地域の中で「想定外」であったマイノリティの存在を住民に気

づかせていく試みも重要である。自らと同じその地域で生活する，外国にルーツを持つ人々の国籍や言語，生活習慣などを共に楽しみながら把握しておくだけでも，マイノリティの理解が進み，災害時における協力につながるであろう。これからは地域におけるマイノリティの人々への理解を深め，その存在を尊重した上で「誰をも包摂した地域づくり」やいざというときに通訳を依頼するなど「補完し合う関係」や命をつなぐための「顔の見える関係」づくりも求められ，それが防災を強化することにもなると思われる。

　また地域においてマイノリティ支援を行う団体を把握し，災害時の対応をシミュレーションしておく一方で，地域福祉活動の一環として，マイノリティの存在やSOSを発信することが困難な人たちが暮らしていることを，自治会・町内会・消防団・自主防災組織・民生委員・児童委員などにも，機会を設けて理解してもらうことが重要である。さらに社会福祉に関わるソーシャルワーカーの連携，社会福祉施設や病院，福祉事務所や女性相談所，児童相談所，子ども家庭支援センターなど一時保護の機能を持つ社会資源もある。それら地域の人的資源や社会資源との有機的な連携はこれからの課題である。

　地域においてマイノリティの人々の存在を，それぞれの個性を持った市民として受け入れ，いざというときは適切な支援につながるよう，また安心して住み続けていけるようなまちづくりは，同時にすべての人々を地域や社会に包摂することにもつながっていく。地震や洪水，津波，放射能の影響などのすべての人々に危機的状況を，それぞれの地域でどのように乗り越えていくか，多様性を重視し，マイノリティの人々をも社会的に包摂していく地域福祉の実現が望まれる。

┌─ 〈演習課題〉 ─────────────────────────────────┐

1. あなたが住んでいる地域の「地域防災計画」を見て，外国にルーツを持つ人，性的少数者，ホームレス，女性など，マイノリティが取り上げられているかどうかを調べてみよう。

2. 災害時において，マイノリティといわれる人たちにはどのような困難が想定されるか考えてみよう。

3. あなたが住んでいる地域に，外国にルーツを持つ人，性的少数者，ホームレス，女性などを支援する団体があれば，どのような活動をしているかを調べてみよう。

└───────────────────────────────────────────┘

### 参考文献

竹信三恵子・赤石千衣子編『災害支援に女性の視点を！』岩波ブックレット No.852，岩波書店，2002 年

丹波史紀・清水晶紀編『ふくしま原子力災害からの複線型復興——一人ひとりの生活再建と「尊厳」の回復に向けて—』ミネルヴァ書房，2019 年

内閣府『令和 2 年版　防災白書』2020 年

新潟県「災害時の外国人支援【手引き】～新潟県中越と東日本の災害経験を踏まえて～」2013 年

宮城孝・山本俊哉・神谷秀美　陸前高田地域再生支援研究プロジェクト編著『仮設住宅　その 10 年　陸前高田における被災者の暮らし』御茶の水書房，2020 年

みやぎ震災復興研究センター・綱島不二雄・塩崎賢明・長谷川公一・遠州尋美編『東日本大震災 100 の教訓　地震・津波編』クリエイツかもがわ，2019 年

村田晶子編著『復興に女性たちの声を「3.11」とジェンダー』早稲田大学ブックレット 23，早稲田大学出版部，2012 年

# ■ 拒否された路上生活者〜脆弱性とアクセシビリティ問題〜

松 岡 是 伸
松 岡 是 伸
北星学園大学社会福祉学部准教授

　災害によって避難所を訪れたあなたは，受付で「避難所は利用できません。ダメです」
といわれた。あなたは，うなずき，避難所に背をむけ，荒れ狂う雨風のなか，ふたたび
街路へと去っていくであろうか。あなたは，自らの生命や身体等に危険を感じ，避難所
に足を運んだはずである。

　2019（令和元）年の台風の際に，ある路上生活者が避難所に足を運んだにもかかわらず，
受け入れを拒否されたことがあった。この受け入れ拒否は，マスメディア等で報道され，
命の選別・格差や避難所への受け入れのあり方等，多くの議論を呼んだ。

　そのなかで2つの問題が浮き彫りとなってきた。ひとつは，路上生活者やマイノリ
ティ等は，災害の被害を最も受けやすく，社会的に脆弱な立場に置かれている場合が多
いことである。災害時，このような人々が，避難所や必要な支援を利用できないことが
あってはならない。そのため路上生活者やマイノリティ等を含んだ防災計画・防災対策，
支援が必要となる。

　もうひとつは，路上生活者やマイノリティ等が自らの境遇から，避難所を利用するこ
とに対して気後れしたり，避けたりすることである。災害時，自らの境遇から避難所の
利用を躊躇してしまうアクセシビリティの問題や心理的障壁・葛藤があってはならない。
特に，生命や身体等に危険が迫るなかにおいては，なおさらである。

　このように自らの境遇（脆弱な立場）によって，避難所の利用を避けたり，拒否され
るアクセシビリティの問題は，災害時だからこそあってはならない。このような境遇に
ある人々を守ることができる防災計画や支援こそ，ひいては多くの人々の生命と身体を
危機から守ることができると私は思うのである。

*column*

# 第9章　社会福祉施設における支援

社会福祉施設には，高齢者・児童・障害者など災害時に特に配慮を要する人が利用（入所・通所）していることから，様々な災害に備えた十分な防災対策をする必要がある。

## 第1節　平時における取り組み

### ▶ 1. 社会福祉施設における災害対策

社会福祉施設は社会福祉関連法制度に基づいて設置されている。社会福祉法人が経営する社会福祉施設であれば「社会福祉法」に基づき，さらに「介護保険法」や「障害者総合支援法」などによってそれぞれの事業所が規定される。各事業には設備や運営に関する基準があり，遵守しなければならない。運営基準に基づき，それぞれの事業所が運営規程を作成する。その運営規程に盛り込むべき内容には**表9-1**や**表9-2**のようなものがある。

表9-1　運営規程で定める重要事項

| | |
|---|---|
| 1 | 施設の目的及び運営の方針 |
| 2 | 職員の職種，数及び職務の内容 |
| 3 | 入所定員 |
| 4 | 入所者の処遇の内容及び費用の額 |
| 5 | 施設の利用に当たっての留意事項 |
| 6 | 緊急時等における対応方法 |
| 7 | 非常災害対策 |
| 8 | 虐待の防止のための措置に関する事項 |
| 9 | その他施設の運営に関する重要事項 |

（特別養護老人ホームの設備及び運営に関する基準　第7条）

### 表9-2 通所介護事業の運営規程で定める重要事項

| 1 | 事業の目的及び運営の方針 |
|---|---|
| 2 | 従業者の職種，員数及び職務の内容 |
| 3 | 営業日及び営業時間 |
| 4 | 指定通所介護の利用定員 |
| 5 | 指定通所介護の内容及び利用料その他の費用の額 |
| 6 | 通常の事業の実施地域 |
| 7 | サービス利用に当たっての留意事項 |
| 8 | 緊急時等における対応方法 |
| 9 | 非常災害対策 |
| 10 | 虐待の防止のための措置に関する事項 |
| 11 | その他運営に関する重要事項 |

（指定居宅サービス等の事業の人員，設備及び運営に関する基準　第100条）

　また，非常災害対策については次のように規定されている。

（非常災害対策）
第8条　特別養護老人ホームは，消火設備その他の非常災害に際して必要な設備を設けるとともに，非常災害に関する具体的計画を立て，非常災害時の関係機関への通報及び連携体制を整備し，それらを定期的に職員に周知しなければならない。
2　特別養護老人ホームは，非常災害に備えるため，定期的に避難，救出その他必要な訓練を行なわなければならない。

（特別養護老人ホームの設備及び運営に関する基準）

（非常災害対策）
第103条　指定通所介護事業者は，非常災害に関する具体的計画を立て，非常災害時の関係機関への通報及び連携体制を整備し，それらを定期的に従業者に周知するとともに，定期的に避難，救出その他必要な訓練を行わなければならない。
2　指定通所介護事業者は，前項に規定する訓練の実施に当たって，地域住民の参加が得られるよう連携に努めなければならない。

（指定居宅サービス等の事業の人員，設備及び運営に関する基準）

　災害対策においての関連法規として「災害対策基本法」「災害救助法」「消防法」「水防法」「土砂災害防止法」などがある。「災害対策基本法」には社会福祉施設の非常災害対策計画については明示されていないが，地区防災計画の中で都道府県の条例として策定しなければならない場合もある。非常災害対策計

**表9-3　非常災害対策計画【具体的な項目例】**

| |
|---|
| ・介護保険施設等の立地条件（地形　等） |
| ・災害に関する情報の入手方法（「避難準備情報」等の情報の入手方法の確認等） |
| ・災害時の連絡先及び通信手段の確認（自治体，家族，職員　等） |
| ・避難を開始する時期，判断基準（「避難準備情報発令」時　等） |
| ・避難場所（市町村が指定する避難場所，施設内の安全なスペース　等） |
| ・避難経路（避難場所までのルート（複数），所要時間　等） |
| ・避難方法（利用者ごとの避難方法（車いす，徒歩等）　等） |
| ・災害時の人員体制，指揮系統（災害時の参集方法，役割分担，避難に必要な職員数 等） |
| ・関係機関との連携体制　等 |

（平成28年9月9日付厚生労働省通知）より

画は「消防法」や「水防法」「土砂災害防止法」に基づく計画も織り込み済み
になっていることが多い。**表9-3**が具体的な項目例である。

　また，「消防法」においては消防法施行規則第3条に規定する消防計画を策
定しなければならない。この消防計画は火災への対応を中心としたもので，多
くの施設では地震への対応についても記述し，防災計画としている所もある。
さらに，「水防法」や「土砂災害防止法」においては施設の立地をハザードマ
ップで確認し，対象区域になる場合，避難確保計画を立てる。「南海トラフ地
震に係る地震防災対策の推進に関する特別措置法」において地震防災対策を推
進する必要があると指定された地域（推進地域）にある施設では，消防計画に「南
海トラフ地震防災規程」を定める必要がある。

### ▶ 2. 社会福祉施設の日々の防災対策

　社会福祉施設の防災への取り組みは，国の通知で具体的な項目の例が示され
ているが，より具体的なものは都道府県によるものが多い。千葉県は「令和元
年房総半島台風」により長期間に及ぶ停電，断水，通信遮断が発生した。これ
を受けて，千葉県は『社会福祉施設防災対策の手引』（以下，手引）を改訂した。
この手引をてがかりに日々の防災対策について述べる。

## (1) 立地条件の確認と災害の予測，防災マップの作成

自治体が作成しているハザードマップ（地震防災地図，液状化，津波浸水，洪水浸水想定区域，高潮浸水想定区域，土砂災害危険箇所，土砂災害（特別）警戒区域など）を確認し，施設内外の防災マップを作成する。普段は施設を利用していない人，土地勘のない人が使用する場合も想定し，誰でも一目でわかるように作成する。

## (2) 施設の安全化，設備の維持管理，備蓄品の整備

施設の耐震診断や耐震改修を行うことは当然としてブロック塀などの確認，家具類の転倒防止対策などを確認する。パソコンや重要書類などは，2階以上に整備すると浸水被害を免れる。データは定期的にバックアップをとる。クラウドに保存しておくと，どこからでもアクセスすることができる。防災（耐火）金庫，防災倉庫を設置する。消火設備や非常口は定期的に点検する。

備蓄品は一人当たり1週間分，備蓄することが望ましい。利用者が服用している薬の情報も必要である。食料は，災害時に調理なしで食べられるか，必要な栄養が確保できるかを検討し，防災訓練で試す。備蓄品は日頃から給油や充電などを確認する。消耗品や食料品はローリングストック（普段から少し多めに購入し，使った分だけ新しく買い足すことで常に一定量を確保しておくこと）でも可能である。

## (3) 職員の参集基準の作成，防災対策組織の整備，連絡体制の整備

災害時は通信網のマヒにより，施設から職員への連絡が困難になることが考えられる。そのため，災害時の通勤手段や通勤所要時間等も考慮し，職員が自動参集するようあらかじめルールを決め，周知しておくことが必要である。人員配備では普段の業務との関連性を考慮し，施設の規模や形態に応じた現実的な防災対策組織の整備が必要である。

緊急連絡網や緊急連絡先の一覧表は，定期的に更新する。電子データが利用

できない場合を想定し，紙に印刷する。携帯電話の一斉メールや SNS（social networking service）は，同時に多人数に情報を送る手段として有効である。職員だけでなく，利用者の家族などの利用を検討することが必要である。大規模災害時の連絡には，「災害用伝言ダイヤル（171）」「災害用伝言板」が使用できる。

## (4) 利用者の特性に応じた配慮の準備と利用者の個別情報の整理

　利用者の個別情報については，非常時に持ち出せるようにし，定期的に更新する。「個人情報保護法」の観点からその取り扱いには注意する。

　利用者の ADL や認知症の程度，障害種別や障害特性等に応じた支援に必要な配慮や心身の状況等を把握するとともに，その状況に合わせた適切な情報伝達方法や避難方法等を準備する。特に車いすや歩行補助具が必要な人，一人では移動できない人，目が不自由な人などは移動用具（車いすやストレッチャー，担架，脱出用シュータなど）の確保，避難方法や経路の事前確認が必要である。津波，河川氾濫など垂直避難が必要な場合にはエレベーターを利用しないで避難できる福祉用具を準備し，定期的に訓練を行う。

## (5) 避難マニュアルの作成，避難訓練及び消火訓練と防災教育の実施

　避難マニュアルを作成し，防災訓練を実施する。夜間や早朝の想定でも訓練を行う。実際に避難経路を通って，危険箇所や所要時間などを把握する。災害の種類や規模，災害時の状況に応じ，避難場所を複数選定することが望ましい。非常持ち出し品は緊急避難時に持ち出す必要最低限のものと，余裕があれば持ち出すものに分類する。自家発電機は実際に使用し，どこに置くべきか，使い方を理解しておく。職員に対して一般的な防災研修と，事業所のマニュアルや計画についての研修を行う。

## (6) 事業継続計画の作成，防災計画などの見直し

　事業継続計画（BCP：Business Continuity Plan）とは，大規模災害などが発生した場合も，重要な事業を中断させない，または中断しても可能な限り短い期

間で復旧させるための方針や体制，手順などを示した計画である。

### (7) 地域などとの相互支援

　地域の方との交流を積極的に図り，顔の見える関係を築き，ネットワークを作る。地域で実施される防災訓練への参加も，積極的に行うことが望ましい。地域の方に施設の役割や職員と利用者の状況を説明し，災害時の必要な支援を依頼する。一方，地域の方が被災した場合に，地域の拠点として施設がどのような支援を行えるかを伝えることも必要である。特に，介護保険の地域密着型サービスについては，運営推進会議等において関係者と課題や対応策を共有する。

## 第2節　災害時における取り組み

　社会福祉施設の災害時における取り組みとして，利用者，職員の安全確保，人命を守ることが最優先である。被災状況を把握し，非常災害対策計画に基づき必要な行動をとることになるが，発災時の季節・曜日・時間帯などにより，その状況は大きく異なってくる。

### ▶ 1. 社会福祉施設の災害時の対応

### (1) 発災前の対応

　風水害などの事前準備が可能な災害の場合，警報などの情報収集をし，計画に沿って職員を参集し，災害対策組織を立ち上げる。情報を共有するため，情報源は予め，統一する。施設内外を点検する。避難指示が出ている場合や身の危険を感じる場合は避難を実施する。避難指示地域に支援者を派遣することは難しいので，通所利用者が該当する場合には早めに避難を促す。

### (2) 発災中および発災後の対応

　落下物などからの防護措置を利用者に実施し，安全を確保する。館内放送な

どで災害発生を利用者などに周知する。利用者や職員の安否確認をし，負傷者の応急手当てを行う。火災防止のため火元の確認を行い，出火を発見した場合は初期消火を行い，消防署へ通報し，利用者の避難誘導を行う。

　災害情報や各種警報の入手を行う。テレビ，ラジオ，市町村防災行政無線や緊急速報メールなどを活用する。自動参集となる職員以外に，参集が必要な職員に連絡し，参集の可否や到着時間の見込みを，リスト化し把握する。

　業務の優先順位を付け，人員体制に応じた災害対策組織を立ち上げる。気象情報や今後の対応に関する決定内容を，ホワイトボードに掲示し，職員間での意思疎通や情報共有を行う。利用者やその家族などに情報提供し不安の解消を図り，今後の対応などの必要な連絡事項を伝える。

　施設内外の点検を行い，備蓄品や必需品などに不足がないか確認し，必要に応じて調達先を確保する。備蓄品があってもすぐに取り出せなければ意味がない。また備蓄品は躊躇なく使用する。情報収集や点検結果を基に必要性を判断し，避難場所や避難経路を決定する。状況に応じて利用者の引渡し，帰宅（職員を含む），施設の休業を判断し，職員や利用者，その家族などに周知する。帰宅困難者の発生，交通機関などの規制，各種災害の危険性に配慮する。利用者の安否や施設の被害状況を行政機関などへ随時・定時で報告し，必要な支援を要請する。写真を撮り，時間とできごとをメモし，記録を残す。

## (3) 健康管理と心のケア

　利用者の健康状態や精神状態を確認し，体調管理や不安感の軽減に努め，状況に応じ，医師やカウンセラーとの面談を行う。利用者へのケアの継続には，職員の健康状態や精神状態にも配慮し，家族の安否や自宅の被災状況などを勘案した勤務シフトとする。

## (4) 災害エリアではない場合

　自分たちにできることは何か。日頃から災害時に職員の派遣を想定していることも多い。災害派遣福祉チーム（DWAT：Disaster Welfare Assistance Team）

への参加や他施設や避難所などへの職員派遣について，県や市町村などから要請される場合がある。また自主的に実施する場合もあり，積極的な協力と実施が望ましい。派遣に要する費用は，「災害救助法」の対象になる場合，福祉関係法令のルールが適用になる場合，派遣先の施設が負担する場合など，方法や状況によって異なるため，県や市町村の施設所管の部署などに確認する必要がある。

## ▶ 2. 福祉避難所

　福祉避難所とは，「阪神・淡路大震災」を契機に設置されたもので，「災害救助法」により市町村から指定され，生活に特別な配慮を必要とする，施設入所に至らない人が二次的に利用する避難所である。

（令第20条の6の内閣府令で定める基準）
第1条の9　令第20条の六の内閣府令で定める基準は，次のとおりとする。
1　高齢者，障害者，乳幼児その他の特に配慮を要する者（以下この条において「要配慮者」という。）の円滑な利用を確保するための措置が講じられていること。
2　災害が発生した場合において要配慮者が相談し，又は助言その他の支援を受けることができる体制が整備されること。
3　災害が発生した場合において主として要配慮者を滞在させるために必要な居室が可能な限り確保されること。

（災害対策基本法施行規則）

　高齢者や障害者など特別な配慮が必要な人にとっては，直接の被害だけでなく，避難所で，長く生活することで健康を害することもある。社会福祉施設が必ずしも福祉避難所に指定されるわけではない。小学校区に1か所程度の割合で指定することを目標とすることが望ましいとされる。対象と考えられる要配慮者は①身体障害者（視覚障害者，聴覚障害者，肢体不自由者等），②知的障害者，③精神障害者，④高齢者，⑤人工呼吸器，酸素供給装置等を使用している在宅の難病患者，⑥妊産婦，乳幼児，病弱者，傷病者である。

　なお，特別養護老人ホームや障害者施設等の入所対象者は，緊急入所（短期入所も含む）等を含め，該当の施設で対応するべきであり，原則として福祉避難所の対象者とはしていない。福祉避難所として指定され，県や市町村からの

依頼により被災者などを受け入れた場合，市町村との協定や災害救助法の基準に基づき，開設および運営に要した経費についての支払いを受けることができる。避難者の受け入れ時には行政機関に，費用負担や条件を確認する。地域の人の中には，「障害者や高齢者は福祉避難所へ」と思い込んでいる人もいるかもしれない。しかし，指定避難所運営のあり方をはじめ，ハード・ソフトともに地域全体が彼らを「想定外」に追いやらないという，ノーマライゼーションの理念の実現を目指したいものである。

## 第3節　これからの課題

　大規模入所施設は制度に則ってある程度の災害対策が可能である。制度に則って，備蓄をすることで，周囲の支援がなくても，事業継続ができることもあるだろう。それはとても頼もしいことであるが，自己完結型で閉鎖的な入所施設が批判された側面でもある。地域とのつながりを大切にし，福祉サービスをきっかけにしながら，地域の駆け込み寺とならなければならない。一方，小規模施設は脆弱である。これは災害時に限ったことではないが，ハード面でもソフト面でも余裕がない場合が多い。

　社会福祉施設の災害対策というと，大規模入所施設における福祉避難所の活動が想起されやすい。広い敷地と施設と人そして資源があり，情報も入りやすい。しかしながら，入所施設には入所者がいる。定員を超えての要支援者の対応には限りがあるだろう。一方で，通所施設はそこに居住している人はいない。日中の利用者はいるが，基本的に夜間は無人であることに着目すると，この拠点をいざという時に活用できる可能性はある。また訪問系の事業所スタッフが，避難所等への訪問を行うことも平時よりシミュレーションできることである。

　介護・福祉サービスは，水道・電気・ガスと同じくライフラインである。

　「災害対策基本法」には，以下のように規定されている。

　また，新しい災害対策を柔軟に取り入れる必要がある。災害時にSNSを利用することは一般的になりつつあり，連絡や情報収集，発信のツールとして有効である。特に大規模な災害が起こると，周辺の地域は皆，被災者であることからなかなか余裕がない。どこかの地域が被災した場合は，被害がない地域の施設等が支援に向かえるようなネットワークを構築しておくことも大切である。物資の買い占めが起こると，近隣では入手することができないので，備蓄以外の入手方法も考えておく必要がある。

　電源の確保についても新しい考え方が必要である。大規模な施設であれば，電源車の手配が可能である。また自家発電機の備えもある。小規模な施設でもハイブリッドカー，電気自動車による発電，ソーラーパネルを使った蓄電池など様々な方策を用意しておくと良いだろう。

　「令和元年房総半島台風」では，筆者が経営している障害者グループホーム，通所介護事業所が被災した。障害者グループホームは通所先が休みになり，休日体制になった。通所介護事業所は停電していたが当日から通常営業とし，小規模施設同士の連携や他の地域からの支援，地域への働きかけを行った。通所利用者の家を回って必要なものを届け，必要な支援を実施したが，これは制度的なものではなくすべてがインフォーマルなものであった。

　濃尾地震（1891年）をきっかけに立ち上がった石井十次や石井亮一らの思いを受け継ぎ，丁寧にアウトリーチをしながら社会福祉施設の可能性を最大限に活かした災害対策の構築が期待される。災害は起きてほしくはないが，災害時にこそ社会福祉施設の真価も問われるのかもしれない。

〈演習課題〉

1. あなたが住む地域のハザードマップに福祉資源マップを重ね合わせ，地域の課題や強みを話し合ってみよう。
2. 「令和元年房総半島台風」では最大 15 日間の停電地域があった。停電時の暮らしを想像してみよう。
3. 社会福祉施設が災害対策以外で地域と連携する場面を考えてみよう。

**参考文献**

千葉県『社会福祉施設防災対策の手引』千葉県健康福祉部健康福祉指導課，2021 年

野田毅「災害時における福祉施設の役割について」『月刊福祉』全国社会福祉協議会，2021 年 3 月号

福祉楽団「福祉楽団が学んだ未来への備え―2019 年台風災害の記録と検証―」社会福祉法人福祉楽団，2020 年，http://official.gakudan.org/assets/dl/news/ty-phoon-report2019.pdf (2021 年 8 月 17 日閲覧)

# ■ 私たちは建物の安全性に身を委ねるしかないのだろうか…

NPO法人井戸端介護理事長

　古民家のデイサービスは揺れた。10人の利用者と5人のスタッフに2人のボランティア，そしてたまたま居合わせた私は続けざまに来るであろう余震を警戒し，建物から離れた向かいの駐車場へと全員で避難した。いや，するはずだった。スタッフも含めて，その場に居合わせた者たちの中で一番力強い体格の60代の男性利用者が「そんな必要はない，揺れてなんかいない」と避難を拒んだ。どうしようかと互いに顔を見合わせる中，僕は彼ととどまり，みんなを外へと逃した。幸い，木更津では大事に至らず，外房から東北沿岸にかけて起きたようなことは起こらなかった。

　多くの福祉施設で私と同じような判断をするしかなかったスタッフは少なくはなかっただろう。認知症のような見当識障害から，現状を認識できずに，避難を拒む方は必ずいる。それでも命を守らなければならない時は，力ずくで引っ張っていくしかないのだが，小人数のスタッフで，多くの利用者を安全に避難させつつ，そのような方も円滑に避難誘導することまではできない。

　東日本大震災の際，津波に流された高齢施設入居者の状況を知った時に浮かんできた思いは，その場に居合わせたスタッフの心情の苦しさと同時に，日頃からベッド上に拘束された暮らしの中にいる高齢者にとっては，現世の不自由な暮らしからの解放にもなったのではないかという皮肉めいた気持ちだった。

　多くの福祉施設は，何らかの障害等から，自分のための行動が叶わない人たちが，ひとつの建物に集められることで成り立っている。日中もそうだが，特に深夜帯の彼らのそばにいる介護者の数は驚くほど少ないのだが，そのことに対する世間の認識は低い。災害からの安全な避難には程遠いのが，福祉施設の現実である。

*column*

# 第10章　社会福祉協議会等の民間組織の役割

　災害時に役割を発揮する民間組織には，第9章で取り上げた社会福祉施設，本章で取り上げる社会福祉協議会，共同募金会，民生委員・児童委員，福祉系専門職団体以外に，主な全国組織だけでも，日本赤十字社，生協（日本生活協同組合連合会），農協（全国農業協同組合中央会），日本経済団体連合会の１％クラブ，JVOAD（全国災害ボランティア支援団体ネットワーク），支援P（災害ボランティア活動支援プロジェクト会議）など，枚挙にいとまがない。しかしながら本章では，紙幅の関係から社会福祉協議会を中心に論をすすめる。

## 第1節　平時における取り組み

### (1) 社会福祉協議会

　社会福祉協議会（以下，社協）は，社会福祉法第109条から第111条に基づいて設置され，「地域福祉の推進を図ることを目的とする団体」として位置づけられている。全ての市区町村段階，都道府県段階，全国段階に組織化されていることが特徴の一つであり，災害時においても，この全国ネットワークが有効に機能する。2018（平成30）年4月1日現在，全国で15万人以上の職員を有している。

　社協は民間組織であるが，これは行政（官）とは異なるという意味で表現されたものであり，行政も含めた社会福祉関係者によって組織されている。

　平時において，市区町村社協では各地域によって異なるものの，介護保険法や障害者総合支援法による在宅系のサービスの提供，日常生活自立支援事業による福祉サービスの利用援助，ふれあい・いきいきサロンや住民相互の見守り活動等の地域福祉活動，住民の福祉活動を促進するためのボランティアセンターの運営や福祉教育・防災教育，生活困窮者自立支援法における自立相談支援

機関の運営のほか，後述する生活福祉資金貸付事業の窓口も担っている。数は少ないが，常設型の災害ボランティアセンターを設置しているところもある。

　都道府県社協は，広域的観点から市区町村社協の連絡調整や，社会福祉施設協議会等の事務局運営，社会福祉従事者への研修事業の実施，苦情解決等を行う運営適正化委員会や福祉人材センター，都道府県段階でのボランティアセンターの運営などを行っている。全てではないが，災害ボランティアセンターの設置・運営のための研修なども行われている。

　全国社会福祉協議会（全社協）は，社会福祉法上，都道府県社協の連合会として位置づけられている。全国段階での社協・福祉関係者の連絡調整のほか，研修事業，出版事業等を行っている。後述するが，全国段階での災害関係者とも日常的に意見交換等も行っている。

　社協のほとんど（99.99％以上）は社会福祉法人格を有しており，極めて公共性の高い組織であることも特徴の一つといえよう。

　近年，地域住民の生活課題・福祉課題が多様化・複雑化し，社会的孤立・社会的排除が多くの社会的課題を導いていると指摘されている。これらの解決に向け，社会福祉法は各市町村に包括的支援体制を構築することを求めており，社協はこの中核的な機能を果たすことが期待されている。


### (2) 共同募金会

　「赤い羽根」で知られる共同募金会は，地域福祉推進のために民間の立場から広く募金を集める団体であり，社会福祉法第112条から第124条に規定されている。各都道府県段階に設置されており，その連合会として中央共同募金会がある。市区町村段階には，各都道府県共同募金会の内部組織として共同募金委員会が設置されており，戸別募金や街頭募金等を行っている。

　近年募金額は減少傾向にあるものの，2019（令和元）年度には170億円を超えており，これらは制度の狭間を埋める支援や先駆的な福祉活動を支援するために使われている。また，この一部は後述する「災害等準備金」として，災害支援にも充てられている。

### (3) 民生委員・児童委員，民生委員児童委員協議会

民生委員・児童委員（以下，民生委員）は，民生委員法及び児童福祉法に基づき厚生労働大臣から委嘱された者であり，全国に約23万人が配置されている。交通費等の実費弁償はあるものの無報酬であり，ひとり暮らし高齢者への定期的な訪問や見守り，個別の相談支援や関係機関へのつなぎ，ふれあい・いきいきサロンなどの地域の様々な活動への参加や関係会議への出席など，きめ細かな地域福祉実践を展開している。

民生委員は，一定区域ごとに組織されている民生委員児童委員協議会に所属し，関係機関と連携して地域の課題共有や課題解決に向けて取り組んでいる。同協議会は，関係各庁に意見具申をする役割が民生委員法に規定されている。

東日本大震災においては，その使命感から56名の民生委員の命が絶たれ，多くの民生委員が被災を受けた。これを受け，全国民生委員児童委員協議会では，2013（平成25）年4月「民生委員・児童委員による災害時要援護者支援活動に関する指針」を作成。その後，2018（平成31）年3月にはこれを改定し，「災害に備える民生委員・児童委員活動に関する指針」を公表している。

### (4) 福祉系専門職団体

社会福祉士，精神保健福祉士，介護福祉士，介護支援専門員，相談支援専門員，保育士等は，それぞれ都道府県段階，全国段階で組織をつくり，専門職としての質の向上を目指し，研修会の開催や調査研究の実施，機関紙の作成等を行っている。各団体の紹介は，紙幅の関係から省略するが，これらの専門職団体が有する専門的な知識・技術は災害場面でも多いに発揮される。

## 第2節　災害時における取り組み

### ▶ 1. DWAT（DCAT）による避難所支援

災害が発生し，避難所が設置されて多くの被災者が押し寄せると，災害派遣医療チーム（DMAT），すなわち医師や看護師その他医療職で構成され，災害

発生時に素早く活動する医療チームが現地で活動することはよく知られている。これにならい，一般避難所において災害時要配慮者に対する福祉支援を行う災害派遣福祉チーム（DWAT：Disaster Welfare Assistance Team，あるいはDCAT：Disaster Care Assistance Team／以下，DWAT等）が都道府県段階で組織化されつつある。DWAT等は，社会福祉士，精神保健福祉士，介護福祉士，介護支援専門員，相談支援専門員，保育士等の専門職団体と，各種福祉施設の都道府県段階の協議会により構成され，県により構成団体は異なっている。

また，自然災害や航空機・列車事故，犯罪事件などの集団災害の後，被災地域に入り，精神科医療および精神保健活動の支援を行う専門的なチームとして，災害派遣精神医療チーム（DPAT：Disaster Psychiatric Assistance Team）も組織化されている。

なお，避難所の運営は自治体の責任で行われ，福祉避難所（二次避難所）は福祉施設等で展開されるため，これらの詳細は本章では省略した。

## ▶ 2. 社協による災害ボランティアセンター

一定規模以上の災害が発生すると，社協では災害ボランティアセンターを設置することが多い（必ずしも社協が設置するとは限らず，設置の判断は，被災の状況をはじめ地域の実情による）。これは，中央防災会議による防災基本計画において，「国（内閣府，消防庁，文部科学省，厚生労働省等）及び市町村（都道府県）は，ボランティアの自主性を尊重しつつ，日本赤十字社，社会福祉協議会及びNPO等との連携を図るとともに，中間支援組織（NPO・ボランティア等の活動支援や活動調整を行う組織）を含めた連携体制の構築を図り，災害時において防災ボランティア活動が円滑に行われるよう，その活動環境の整備を図るものとする」とした規定がもとになっている。これにより，各自治体による地域防災計画において，社協が災害ボランティアセンターを設置することが規定されていたり，あるいは自治体と社協との間で協定等が締結されているところもあるが，社協自身をはじめ，行政，マスコミや災害系NPO等，多くの関係者において，社協が災害ボランティアセンターを設置することの共通認識が浸透して

いることが大きな理由であろう。

　災害ボランティアセンターでは，被災者からのニーズを集め，一方でボランティアを募り，両者のマッチングを行うことが主な活動となる。活動内容は，被災直後は，水害では家財搬出や家屋内の泥出し，震災では瓦礫撤去や家具の片づけ等が中心となる。しかし徐々に，被災者の生活に関わった様々なニーズ（例えば，入浴支援，通院支援，理美容，子どもの遊びの場の提供，学習支援，サロン活動，写真洗浄，引越し支援など）があることを見いだすことになり，これらに気付き，対応していくことは災害ボランティアセンターの運営スタッフに求められる力量と言える。

　また，被災者が外部からの支援を拒んだり，遠慮がちになることが少なくないこと，しかし，あまりに支援が長期化するといわゆる「支援漬け」となることにも留意しなければならない。個人の生活再建とは，必ずしも以前と同じ生活を再現することを意味しないが，それでも「被災前の生活にいち早く戻す」「それ以上の生活を目指す」といった思いで取り組むことが支援者には求められる。なお，東日本大震災のような大規模災害の場合には，全国の社協職員がローテーションを組んで現地入りし，地元の社協職員等と一体的に災害ボランティアセンターの運営に取り組むこととなっている。

　さて，このような災害ボランティアセンターを社協が設置する意義について，改めて筆者は以下のように考えている。

① 日常的に住民と接している（知っている）

② 行政や幅広い機関・団体とも関係を構築している

③ 福祉サービス事業者として要援護者を把握している

④ 全国的なネットワークを有している

⑤ 民間としての機動力がある

⑥ これまで社協として災害支援のノウハウを蓄積している

⑦ そもそも使命として，地域の生活課題を把握し，解決する役割を有している

⑧ 災害ボランティアセンター閉所後も，その地において社協の本来的機能

として被災者の生活支援，被災地の復興支援にあたる

⑨　こうしたことにより，社協が災害ボランティアセンターを担うことの合意が，関係者間で一定程度なされている

したがって，社協は日頃から地域に根付いた活動を行うこと，住民との協働による地域福祉実践を行うこと，関係団体と協働した活動を展開することが欠かせない。

なお，社協が災害ボランティアセンターを設置した場合でも，社協単独で運営するのではなく，関係者との協働による運営を行い，地域の多様なニーズに応えていくべきことは言うまでもない。

災害ボランティアセンターは，被災者の緊急的なニーズが一段落し，復興期に移行するなかで，災害ボランティアセンターを閉所したり，あるいは復興ボランティアセンターなどと名称を変えて，新たな生活支援に向けた活動を展開していくこととなる。

### ▶ 3.　共同募金による財政的支援

一定規模以上の災害が発生した際，NHKや日本赤十字社，中央共同募金会等が被災者を直接支援する「義援金」を募ることとなる。一方，多くのボランティア団体・NPO等が被災地で活動することとなるが，こうした支援者を支援するものとして「支援金」がある。

共同募金会では，各都道府県の共同募金額の毎年3％を「災害等準備金」として積み立てている（共同募金は，原則として同一都道府県内の募金・配分となっているが，2000（平成12）年の社会福祉法改正により，他の都道府県共同募金会が，被災した都道府県共同募金会に資金を拠出できる仕組みが構築されている）。

この災害等準備金は，災害時に公費対象とならない災害ボランティアセンターの運営や生活支援活動に要する経費等に配分される資金となり，制度の狭間を埋める貴重な財源として活用されている。また，中央共同募金会では，ボランティアやNPOが被災地にかけつけ，被災者支援やまちづくりなどの復興支援を行うことを財政的に後押しするため，「災害ボランティア・NPO活動サポ

ート募金」(ボラサポ) を設置し，寄付金の募集，活動への助成を行っている。寄付金は常時受け付けられているが，災害発生時には，災害を特定したボラサポも実施されている。この他にも，各種財団による財政的支援も行われている。

## ▶ 4. 生活福祉資金

　災害救助法が適用される災害時には，都道府県社協が運営している国の低所得者対策である生活福祉資金制度における緊急小口資金の貸付が行われる。本制度は災害時に限らず，緊急かつ一時的に生計の維持が困難となった場合に少額の費用を貸すもので，原則として，貸付金額は10万円以内，無利子で連帯保証人は不要，据置期間は2か月以内，償還期間は据置期間終了後1年以内となっているが，特例措置により，貸付金額の上限などが変更される。

　2020 (令和2) 年より，新型コロナウイルス感染症の影響により休業や失業等によって収入が減少した非常に多くの人にも，本制度が活用されることとなった。

## ▶ 5. 生活支援相談員による仮設住宅支援

　災害発生後，自宅に戻ることができない被災者の多くは，緊急避難的に避難所等で過ごした後，プレハブによる応急仮設住宅や，民間賃貸住宅等を借り上げた「みなし仮設住宅」等で過ごすこととなる。こうした人々を支援するため，被災地では生活支援相談員が雇用され，戸別訪問，住民同士のサロン活動の支援，外部ボランティアとの連絡調整，引越し支援等が行われる。様々な取り組みを通じて，被災者の生活上の困りごとを把握し，必要なサービスにつなげたり，心理的不安を軽減させるといった個別支援とともに，新たなコミュニティ形成といった地域支援にも取り組む。

　応急仮設住宅の使用期限は，その耐久年数等から一般的に2年とされ，その後の住宅支援は災害公営住宅 (復興住宅) へと移っていく。この展開期において，それまでの人と人とのつながりが分断されることがあり，災害公営住宅においても，生活支援相談員が孤独・孤立の解消に向けた様々な取り組みを行ったり，

あるいは一般施策として同様の取り組みが必要となってくる。

## 第3節　これからの課題

### ▶ 1.「地元中心」の徹底

　東日本大震災をはじめ，多くのボランティアや民間団体，社協職員等が被災地に赴き，支援活動を行い，被災地支援の知見を得ることとなった。しかし，仮に同じ水害であっても，被災の規模，地形，時期，被災者数，そして何よりも，各地で長年形成された文化や風習が異なる。これらを考慮することなく，過去の支援経験のみを頼りに新たな被災地で支援活動を行うことは，場合によっては地元への支援ではなく，迷惑あるいはさらなる二次被害を生むことにもなる。被災地外から支援していく民間団体等においては，「地元中心」という理念を十分踏まえた支援を行う必要がある。

### ▶ 2. 情報共有

　被災地には，多くの NPO やボランティアが駆けつける。しかし，それぞれが掲げる使命のもと，それぞれが被災者のニーズを把握し対応していくと，当然ながら，支援の重複や漏れが生じ，せっかくの支援が効果的・効率的なものとはならなくなる。こうした経験から，支援 P や JVOAD といった全国団体が発足している。さらに，平成 28 年熊本地震では，発災当初から「くまもと災害ボランティア団体ネットワーク」(KVOAD) により「熊本地震・支援団体火の国会議」が開催され，行政も含めた支援団体の連絡・調整が行われた。

　このような取り組みが，今後も行われることが期待される。

### ▶ 3. 包括的な支援

　泥出しや瓦礫撤去，家財の片づけ等の活動が終了すると，多くの災害ボランティアは撤退していく。このことは否めないし，ボランティアの自主性という観点から，否定すべきものでもない。しかし一方で，泥出し等は生活支援の一

部に過ぎないことも理解する必要がある。復興とは，災害発生前の状態に戻していくことにとどまらず，災害発生前よりもさらに向上した生活を追求していくべきものであると前述した。何から何まで支援していくのではないのは当然であるが，その後の生活再建をみすえ，「災害ケースマネジメント」の議論にもあるように，行政と民間組織がともに力をあわせて，包括的かつ総合的かつ継続的な支援を行っていく仕組みを構築していくことが求められる。

### ▶ 4. 災害ボランティアセンターへの財政的支援

　NPO 等が被災地で活動するための財源としては，前述したボラサポ等や，各 NEXCO 等による災害ボランティア車両の高速道路の無料措置などがあるが，社協が設置する災害ボランティアセンターにかかる人件費や旅費，傷害保険料については，その一部が公費より支出されることはあっても，派遣元の社協の負担によるところが大きい。

　2020（令和2）年より，災害救助法が適用された災害においては，社協職員の時間外勤務手当や，社協が雇用する臨時職員等の賃金，災害ボランティアセンターに派遣する職員に係る旅費が，災害救助費の国庫負担の対象となった。また，災害ボランティアセンターには，共同募金会の災害等準備金による支援，支援 P を経由した企業等からの支援なども行われているが，災害ボランティアセンターは被災地支援において極めて公共的な役割を担う存在であり，公費によるさらなる財政的支援が求められるところである。

1. あなたが住んでいる地域の市区町村社会福祉協議会は，どのような活動をしているのか調べてみよう。

2. 東日本大震災などでの被災地を一つ選び，当該地域の災害ボランティアセンターが実際にどのような活動を行ったか調べてみよう。

3. 社会福祉協議会や共同募金会，民生委員・児童委員（民生委員児童委員協議会）以外の全国的な民間組織を一つ選び，当該組織が，東日本大震災などの災害時に，どのような活動を行ったか調べてみよう。

**参考文献**

後藤真一郎「災害と地域福祉」社会福祉学習双書編集委員会編『社会福祉学習双書2020 第8巻 地域福祉論』全国社会福祉協議会，2020年

# ● 助けられ上手になろう

**樽 林 元 樹**
浦安市社会福祉協議会

　2011（平成23）年3月11日，東日本大震災。長く続いた大きな揺れにより，埋め立て地であった浦安は液状化による大きな被害がありました。道路や住宅などのいたるところから泥水があふれ出し，地中に埋設されていた上下水道のライフラインは破損し，給水所には水の配給を待つ人の長蛇の列ができ，トイレや洗濯などの排水も流すことができない状態が長く続きました。

　浦安では発災の翌日には災害ボランティアセンターが立ち上がり，たくさんのボランティアの皆さんが，噴き出した泥の撤去作業や，給水所や避難所の運営支援をしてくれました。災害ボランティアセンターの運営は私たち社会福祉協議会の職員だけでなく，浦安災害ボランティアネットワーク（災害ボランティアセンター運営を担う市民ボランティア団体として震災前から組織化）や浦安市青年会議所，県内複数の社会福祉協議会がその立ち上げ段階から運営を支援してくれました。

　当時の災害ボランティアセンターを振り返ると，自分たちだけではどうしようもなかった状況の中で，助けを求められる仲間たちがいてくれたこと，そして，その声を受け止めて助けに来てくれた多くの人たちや組織に支えられたおかげで，多くのボランティアの皆さんに活動してもらうことができました。

　誰かに助けを求めるということは，思っているよりもずっとハードルが高いものです。私たちソーシャルワーカーは「助けて」と自分から発信できない人たちに寄り添うとともに，自分自身も「助けて」と発信していく力，そして助けに来てくれた人たちの支援に上手に寄り添っていく力「受援力」が必要とされています。

　助けを求めれば，必ず助けてくれる人たちがいます。困ったときにはお互いさまの助け合いを大切に育てていきましょう。

*column*

# 第11章　NPO・ボランティアの役割

## 第1節　平時における取り組み

### ▶ 1. 災害ボランティアとは何か

　大規模な自然災害が発生した場合，その復旧・復興の過程において，災害ボランティアの力は欠かすことはできない。1995（平成7）年，阪神・淡路大震災が発生した際，被災者を支援するために全国から多くの市民が集結し，被災地域において災害ボランティア活動を行った。その人数は，震災直後からの1年間で137万人を超えており，その後も復旧・復興の過程に寄り添った息の長いボランティア活動が続けられた。1995（平成7）年は，後に「ボランティア元年」と呼ばれ，これをきっかけとして，災害ボランティアの存在や活動が広く認知されていった。その後も，2011（平成23）年東北地方太平洋沖地震による災害及びこれに伴う原子力発電所事故による災害である東日本大震災，平成28年熊本地震，平成30年7月豪雨，平成30年北海道胆振東部地震，令和元年台風第19号，令和2年7月豪雨など，大規模な自然災害の相次ぐ日本において，それぞれの被災地域において，数多くのNPOや個人が災害ボランティア活動を展開し，被災した地域の復旧・復興に貢献してきた。

### ▶ 2. NPOに求められる備え

　災害発生時に安全に円滑に活動を展開するためには，平時からの備えが不可欠である。ここでは，災害ボランティア活動に参加するNPOが，平時にどのような準備を行っておくべきかを整理する。災害支援を主な活動とするNPOが，災害に備えて行うべき活動は主に2つある。まずは，大規模な自然災害が発生した際，すぐに現地の諸機関と連絡を取り合い必要な支援を開始できるよう，

団体の物的・人的リソースを整理しておく。どのような活動を，どの程度の規模で展開する用意があるのかを明確にしておくことは，いざというときの調整を円滑にするために欠かすことができない。2つ目としては，他団体との連携・協力体制の構築である。被災地域では，多数のNPO団体が，重機を使用するような復旧活動や被災者の心身の健康を守るための活動，子どもたちの学習支援などあらゆる分野において災害支援活動を展開する。その際，各団体の横のつながりや顔の見える関係があるかどうかは，災害直後の混乱した現場において，情報を整理し，担当を明確にし，一刻も早い支援をきめ細かく展開していく上で重要な点である。

## ▶ 3. 個人に求められる備え

　もちろん個人のボランティアにとっても，平時の準備は大切である。災害ボランティアとしての活動を希望する個人が，平時に取り組んでおくべき事柄は3つある。1つ目は，自身の災害に対応する力の強化である。自身が被災者となる場合でも，支援者となる場合でも，自助が最も大切である。まず自分が生き抜くことができなければ，大切な人を助けられない。自宅の家具の固定や転倒防止策は十分か，寝室などに頭上に倒れてくるような家具等はないか，水・食料の備蓄はしているか，ハザードマップで自宅や学校・勤務先など自身の行動範囲の災害特性を確認しているか等，まずは自身が日々の安全な暮らしのために防災についての知識を深めるのが大切である。2つ目は，装備の準備である。筆者がはじめて災害ボランティア活動を行ったのは東日本大震災のときであるが，その際，大きな反省がある。それは，震災直後の混乱のなか，災害ボランティアに必要な装備を準備するのに1か月弱の時間がかかり，迅速に現地に行くことができなかった。特に，ヘルメットや先芯つき長靴・防塵マスクが手に入りにくい傾向にあった。この傾向は，その後の災害発生時にも同様である。事前の準備物として，筆者がこれまでの災害ボランティアの経験により必要性を感じたものを，**表11-1**に示した。3つ目は，ボランティア活動保険への加入である。これは，社会福祉協議会にて加入し，災害ボランティアを希望する

表11-1　災害ボランティアの準備物一覧

| | 準備物 | 一言アドバイス |
|---|---|---|
| 1 | 長靴 | 先芯入りで，耐油のものがベスト。 |
| 2 | 踏み抜き防止インソール | 大きいものしかない場合は，カットして使用する。 |
| 3 | ヘルメット | コンパクトに折りたためるものもある。規格のあるもの。 |
| 4 | ゴーグル | 目にゴミが入っても，すぐに水で洗えない状況もある。 |
| 5 | 作業用手袋 | 耐油のもの。手にフィットするもの。複数枚準備する。 |
| 6 | ヘッドライト | 床下の泥かきをするときに活躍する。 |
| 7 | ゴミ袋 | 大・中・小それぞれのサイズを持っていく。 |
| 8 | タオル | あまり厚手ではないもの。複数枚持参する。 |
| 9 | ボディバッグ・ポシェット | 貴重品を身につけておくため。 |
| 10 | レインコート | 上下分かれているもの。丈夫なもの。 |
| 11 | 動きやすい服装 | 乾きやすいもの。必ず長袖長ズボン。 |
| 12 | ウエットティッシュ | アルコールを含んだもの。水道が近くにあるとは限らない。 |
| 13 | 靴下 | 長靴の靴擦れを防ぐため厚手のもの。くるぶし丈は不可。 |
| 14 | リュックサック | 大きくて軽いもの。ポケットが多いほうが便利である。 |
| 15 | レジャーシート | 荷物を置いたり，休憩・昼食の際に使用する。 |
| 16 | 保険証のコピー | 余白に家族等の氏名・連絡先を記入しておく。 |
| 17 | 常備薬 | かかりつけ医の診察券のコピーも。 |
| 18 | ボラ保険加入確認証 | 窓口で手続き完了時にもらう。1年ごとに再加入する。 |

場合は，天災プランを選択しておくことが望ましい。現場で責任をもって活動をするために，必ず事前に加入をしておく必要がある。

## 第2節　災害時における取り組み

### ▶ 1. 災害ボランティアの役割

#### (1) 心がけること

　災害ボランティアとは，大規模な自然災害発生時に，被災地域の復旧等のために活動を行うボランティアである。復旧のみならず，復興の過程にも着目し，災害復興ボランティアと呼ぶ場合や，復旧・復興に加え災害を防ぐことを目的とした活動も展開するために防災ボランティアと呼ぶこともある。災害ボラン

ティア活動を行う上で，特に心がける事柄は3つある。1つ目は，自助の徹底である。自身の体調管理や水・食料等を含めた持ち物など，被災地域の限りある資源をボランティアが消費してしまわないように，平素から備えを行い，自身の災害対応力を意識的に高めておかなければならない。2つ目は，被災者がおかれた状況への想像力である。ボランティアは，「相手のためになりたい」という思いが前のめりになり，「相手がどう感じるかを相手の立場で考える」という発想を失いがちになるからだ。もちろん，想像力には限界があるが，「想像しようとする姿勢」が大切である。3つ目は，被災者のニーズに応じた支援である。被災者のニーズは，被災地や個々の被災者の状況に応じて，刻々と変化していくため復旧・復興の段階に寄り添った息の長い支援が重要である。

## (2) 関連する法律

　災害ボランティアの重要性は，阪神・淡路大震災や東日本大震災などの災害において一層強く認識されることとなった。このことは法律にも表れている。「災害対策基本法」において災害ボランティアについて記載されている箇所を挙げる。まずは，「第8条：2.国及び地方公共団体は，災害の発生を予防し，又は災害の拡大を防止するため，特に次に掲げる事項の実施に努めなければならない。1〜12　(略) 13 自主防災組織の育成，ボランティアによる防災活動の環境の整備 (略) その他国民の自発的な防災活動の促進に関する事項」である。これは，1995 (平成7) 年の改正により追加された部分である。そして，「第5条の3：国及び地方公共団体は，ボランティアによる防災活動が災害時において果たす役割の重要性に鑑み，その自主性を尊重しつつ，ボランティアとの連携に努めなければならない」。ここにも，災害ボランティアに関する規定があり，これは2013 (平成25) 年改正により追加された部分である。法律からもわかるように，自治体等は，災害ボランティアの活動環境の整備にとどまらず，それらの団体や個人と連携をしていく方針が示され，その重要性がより強調された。

## ▶ 2. 具体的な活動

### (1) 手　　順

　災害ボランティアを行おうとする場合，私たちはどのような手順で進めていくべきであろうか。個人ボランティアは，基本的に，被災自治体の社会福祉協議会が立ち上げる災害ボランティアセンターを通して活動をする。ここでは，特に個人が災害ボランティアとして被災地域に赴く際の手順について確認していく。

　まず社会福祉協議会のホームページなどから災害ボランティアセンターの設置情報を検索し，ボランティアの受け入れ開始を待つ。被災地域におけるボランティアの受け入れ態勢が整うまでの間に，自身の装備や持ち物，飲料水・食料，ボランティア活動保険等の最終確認を行っておく必要がある。飲料水は，水や麦茶などを，季節にもよるが最低2リットルは持参すべきである。また食料は，常温で保存でき，常温でそのまま食べられるものが適切である。加えて，災害ボランティアセンターまでの交通手段の確認も不可欠である。多くの場合，災害発生から間もない頃は，災害ボランティアセンターまでの交通手段は，災害ボランティアセンター等が最寄りの駅などから運行する臨時シャトルバスもしくは自家用車になる。自家用車の場合は，緊急車両を優先するため等の理由で，災害ボランティアセンターの至近には駐車できない場合もあるため，ホームページやSNS等で事前に駐車場についても情報を収集しておく必要がある。

表11-2　災害ボランティア出発前の確認事項

| | チェック項目 | チェック欄 |
|---|---|---|
| 1 | ボランティア活動保険の「天災プラン」に加入している（保険期間1年間）。 | |
| 2 | 災害ボランティアセンターの最新の情報を確認している。 | |
| 3 | 現地の状況を確認し，往復の交通手段を確保している。 | |
| 4 | 飲料水を1日あたり2リットル程度準備している。 | |
| 5 | 常温で保管でき，常温で食べられる食料を準備している。 | |
| 6 | 表11-1を参考に，自身の希望する活動に必要なものを揃えている。 | |
| 7 | 心身ともに体調が良好である。 | |

これらの準備を完了させた上で，体調を万全な状態に整え，災害ボランティアセンターに向かう。災害ボランティアセンターにて受付を終えると，センターの職員等による活動の説明があり，その後数名のグループに分けられ，活動先の住家等に派遣される。基本的には，9時から15時頃（お昼休憩が1時間程度ある）までが活動時間である。その後，片づけ等を行い，再びセンターに戻り，道具等を返却し解散となる。

## (2) 活動内容

　災害ボランティアの行うボランティア活動は，時間の経過により変わっていく。ここでは，被災者の生活の状況毎に，いくつかの活動例を挙げていく。

### 1) 被災者が避難所で生活をしている時期

　災害発生直後の時期は，瓦礫の撤去・運搬や泥かき等が主な活動内容となる。津波や水害で住家が浸水してしまった場合，最初にすべきは，水を被ってしまった家具・家財道具，畳などの運び出しである。そして，床材を剥がし，床下に流れ込んだ泥の泥かきを行っていく。加えて，この時期には避難所での活動の支援も重要になってくる。被災者の避難スペースを回り，被災者のニーズの調査や，被災者が自宅の片づけなどをしている際に子どもたちの遊び相手・話し相手になること，避難所の環境を整えるアイデアを考えるなども求められる。

### 2) 被災者が仮設住宅で生活をする時期

　この時期は，おおむね災害発生から2-3か月が経過している。まだ住家の復旧作業も行われている時期であるが，それに加えて，被災者が仮設住宅に引っ越す際の引っ越しの手伝いのニーズも増えてくる時期でもある。仮設住宅において，被災者は近隣の住民と新たなコミュニティを築くため，仮設住宅の集会所などにおけるイベントの企画などもボランティアの力が発揮できる部分である。また子どもたちへの学習支援も積極的に行っていく必要がある。

### 3) 被災者が災害公営住宅や再建した自宅で生活をする時期

　災害公営住宅や再建した自宅で生活ができるようになるのは，喜ばしいが，仮設住宅でゼロから築いたコミュニティから離れ，再び災害公営住宅における

新たな人間関係を築いていくのは，被災者にとっては骨が折れ，心細さを感じるものである。ボランティアは，この部分に寄り添い，被災者の孤立を防ぐ取り組みや，地域全体を見るだけでなく，個々の被災者と向き合えるような活動を展開していくべきであろう。

　このように，災害ボランティアの活動内容は，被災者のニーズ・生活の状況によって様々である。現地で活動する際は，被災者が何を求めているのか，現在どのような生活を送っているのかを十分に把握した上で，自身の特性なども鑑み活動を展開していくべきである。

### ▶ 3. 災害ボランティアの活動・活躍

### (1) これまでの自然災害における災害ボランティア

　これまでの大規模な自然災害における，ボランティアの活動人数を整理する。東日本大震災において，2011（平成23）年に岩手県・宮城県・福島県の3県で活動した災害ボランティアは約96万人である。そして，集計が行われた2018（平成30）年までの7年間では，約154.5万人である。これは，災害ボランティアセンターや社協ボランティアセンターを通して活動を行った人数であり，NPO等による活動を含めると，さらに多くの市民がボランティアとして被災者のために活動したことになる。ボランティア元年と呼ばれることとなった阪神・淡路大震災においては約137.7万人，平成28年熊本地震においては，約11.8万人，平成30年7月豪雨（西日本豪雨）においては，約26.3万人のボランティアが，災害ボランティアセンター等を通じて活動を行ってきた。[1]

### (2) 大学による学生ボランティア派遣〜早稲田大学を例に〜

　東日本大震災発生時は，東北に所在する大学のみならず，全国の大学が多くの学生ボランティアを派遣した。早稲田大学もその一つであり，震災直後より早稲田大学平山郁夫記念ボランティアセンター（WAVOC）を中心として，大学が貸切バスを手配し学生・教職員を宮城県沿岸部各地に派遣した。現在でも，「三陸つばき」「気仙沼チーム」などの学生団体が，当時ボランティア活動を行

**写真11-1　令和元年台風第19号 WAVOC 災害派遣（丸森町）**

った被災地域との絆を大切にしながら，東北においてボランティア活動を続けている。またその後も，大規模な自然災害発生時は，ボランティア活動に赴く学生の交通費補助や，令和元年台風第19号発生時には，宮城県丸森町への大規模な学生派遣（**写真11-1**）を実施するなど，東日本大震災時の経験をふまえ，継続的な災害ボランティア活動を展開している。

　早稲田大学平山郁夫記念ボランティアセンター（WAVOC）では，災害ボランティアを希望する学生に対し，被災地域への引率のみでなく，事前研修・事後研修も充実させている。事前研修においては，当該災害の概要の説明，先遣隊の報告をもとにした被災地域の現状の理解，応急手当などの内容に加え，「WAVOC 学生災害支援ボランティアの心得10か条」（**図11-1**）を，学生と丁寧に確認している。これは，これまでの WAVOC の災害派遣の経験をもとに，厳しい災害現場に赴く学生の心がまえをまとめたものである。

　実際のボランティア活動中には，引率する教職員もこの10か条を念頭に，通常の健康観察だけでなく学生の顔色・表情・言動にも細やかに目を配っている。例えば，「第6条　涙が止まらなくなったら活動をやめる」は特に重要な項目である。これは，現地の辛い状況を目にした際，自身が気づかないうちに

## 学生災害支援ボランティアの心得 10 か条

**第1条　ボランティア保険（災害プラン）に入る**

ボランティアの基本は「自己責任」です。何か事故や病気があっても自分で対応することになります。保険に入ることはそのための準備になります。

**第2条　不眠不休で頑張らない**

被災地では気持ちも高ぶり使命感から精一杯活動することになりがちです。しかし，疲労から体調を崩すのは相手に迷惑になります。活動中でも休む判断をすることが大切です。

**第3条　被災地では信頼できる人と一緒に行動する**

活動をするにあたっては安全に十分に注意してください。被災地で起こりがちな危険な問題に巻き込まれないためにもできるだけ単独行動は避けてください。

**第4条　まずは相手の話を共感的に聞く**

被災者を少しでも元気づけようと「○○さんの分まで頑張ってください」「元気になってください」と言いがちです。励ましの言葉を軽々しくかけないことも大切です。

**第5条　被災者が自分たちでやる仕事を取らない**

被災地に行くとできることをすべて「やってあげたい」という気持ちになりがちです。しかし，復興するのは現地の人たちです。その力をどう応援できるかが大切です。

**第6条　涙が止まらなくなったら活動をやめる**

悲惨な現状や嗚咽する人などに接する場合，自分も心の傷を受けることがあります。自分の心をコントロールできない時はその場から離れたり自宅に帰る決断をしてください。

**第7条　できないことは「出来ません」とはっきり断る**

被災した人の依頼を断るのは難しいことです。しかし，無償のボランティアでも「やります」と言ったことには責任が伴います。無責任にならないように行動することが必要です。

**第8条　相手の感情に巻き込まれ過度な哀れみや同情をしない**

被災者の話を聞くことで感情が揺さぶられることもあります。しかし，「かわいそう」と思うことが相手の支援になるわけではないことを知っておきましょう。

**第9条　子どもと遊ぶときなどは過度に喜ばせようとしない**

ボランティアのお姉さんやお兄さんと遊ぶ体験は子どもにとってはうれしい時間です。しかし，非日常で興奮したあとの面倒は誰かが見ることを意識してください。

**第10条　ボランティア活動の運営について批判はしない**

被災地のボランティア活動では「仕事がない」，「指示が悪い」などの批判もあります。しかし，憤慨しても何も生まれません。できることは何かを自分で考えて行動しましょう。

**図11-1　「WAVOC 学生災害支援ボランティアの心得10か条」**

出所：早稲田大学平山郁夫記念ボランティアセンター（WAVOC））

心に傷を受けていることがあるため，身体がそのような反応が生じた場合は，活動をやめるべきという説明である。しかし，被災者のために懸命に作業をする学生にとって，自身で活動の手を止める決断をするのは，容易ではない。このような場合，引率する教職員は，仮に学生が「大丈夫です」と答えたとしても，一旦手を止めさせ，その場を離れさせる必要がある。そして，現場で話を聞くだけでなく，メンタルサポートの専門家などにつなげる支援も視野に，学生と信頼関係を築くなど，継続的なコミュニケーションが求められる。また事後研修においては，WAVOCが全学オープン科目として提供している科目「体験の言語化[2)]」の手法をもとに，活動中の各自の体験やそのときの気持ちを自分の言葉で語り，他の学生や教員と助け合いながら，ボランティア体験からの学びを深めている。

## 第3節　これからの課題

### ▶ 1. ボランティアへの事前研修の充実

　個人で災害ボランティア活動を行う場合，道具の使い方など技術的なことは，現地で十分に説明があり，わからないことは，常に質問をすることもできるため，たとえ初めてであっても心配をする必要はない。しかし，被災者の気持ちやボランティアの心構えなどについては，現地で学ぶ時間は多くはない。例えば，住家の瓦礫撤去をする際，ボランティアは，被災者のことを思って，できる限り早く片付けてあげたいという一心で，汚れているものや壊れているものを撤去していく。しかし，たとえ汚れていても壊れていても，瓦礫は，被災者にとっては思い出の詰まったものの一つであり，そのようなボランティアの行動に，傷つく被災者も少なくない。他にも，「こんなに頑張っているのに，ボランティアから頑張れと言われる。これ以上は，頑張れない」という声もあった。仮設住宅で出会った小学生からは，「ボランティアの人たちは，また来るねと言うのに，みんな約束を破るから嫌い」と言われたこともある。これらの発言をしたボランティアに，被災者を傷つけようという意図はないはずである

が，このような発言が，前を向こうとしている被災者の心を立ち止まらせる危険もある。

このように災害ボランティアとして被災した場所に向かう際は，安全面・技術面のみならず，心理的な側面の研修も必要である。だからこそ，社会福祉協議会等による，ボランティア講習等の一層の周知や充実を図るだけでなく，大学等の研究機関も社会貢献活動の一つとして，そのようなノウハウをさらに社会に発信していくべきではないだろうか。ノウハウを持つ諸機関が，平時から災害ボランティアの事前研修を受ける体制をつくり，情報を提供・発信していくことで，被災者・ボランティア双方がより円滑に協働できる体制が構築され，災害ボランティアをしたいと思う人々の背中をおし，災害ボランティアのすそ野を広げる契機ともなり得るはずである。

### ▶ 2. ボランティアへの事後研修の充実

災害ボランティアの活動により，その後，PTSD などを含め心身の不調をきたす人もいる。被災地域の甚大な被害に胸を痛めたり，強い恐怖を覚えたり，被災者から思ったような反応が返ってこないために自身の言動を責めてしまうケースもある。大学や企業等の団体で参加していた場合は，比較的，周囲に相談できる人や体験を共有できる人がいる場合が多い。しかし，個人で災害ボランティアに参加した場合，その体験を近しい人と共有することができない。現地の様子がわからない周囲の人からは，「すごいね」「えらいね」「尊敬するよ」などと言われ，まさか自分がネガティブな感情を抱いて帰ってきたことを，打ち明けられないケースも少なくない。

ボランティア活動後も事後研修等を通じて，それぞれの体験を，同じボランティア経験者とともに議論をしながら，自身と向き合い整理する時間が必要であろう。それは，その後の本人の災害ボランティアとしての継続的な活動やスキルアップにもつながり，災害ボランティアとしての貴重な体験を，今後に継承していく上でも不可欠である。

### ▶ 3. 新たな災害ボランティアの創造

　令和2年7月豪雨においては，熊本県南部などが甚大な被害を受けた。この災害においては，社会情勢をふまえ，災害ボランティアとして現地で活動できるのは，地元県民のみに限られた。これまで，災害の現地にいち早く駆け付け被災者のために汗を流してきた全国の人々は，熊本県球磨村などの被害状況が報道される度に，歯がゆい思いをされたことであろう。このとき，私たちは現地に行かなくても，被災者に対する自身の応援の気持ちや心を，どのような手段で伝えていくべきかを考えた。これまで，災害ボランティアは，現地に行くことができる一部の人が行う活動であった。しかし大部分の人が現地に行けない状況において，私たちは，離れていてもできる支援を考えなければならなくなった。つまり，もう災害ボランティアは，現地に行かなければできない活動だけではなくなった。そのような大変な状況ではあるが，被災者を助けたいという強い思いから，これまでとは異なる方法を模索した。新型コロナウイルス感染症が私たちの生活に厳しい影響を及ぼすなかで，多くのボランティアたちが被災者を思い様々な支援を考え抜いたことであろう。

　現在，災害からの復興の途上にある地域が日本各地にある。明日，被災してしまう地域もあるかもしれない。今の状況でできる新しい災害ボランティアの方策を一人ひとりが「わがこと」として考え，歩んでいく努力が重要である。

---

〈演習課題〉

1. 東日本大震災・平成28年熊本地震・平成30年7月豪雨等の被災地域において，どのような災害ボランティア活動が展開されてきたか，具体的な活動内容を調べてみよう。
2. あなたの特性や得意なこと等を考慮し，被災者や被災地域に対し，あなたにどのような支援ができるか考えてみよう。
3. 災害ボランティアの事前研修や事後研修としてどのような内容が必要か，具体的に考えてみよう。

**注**

1) 全社協被災地支援・災害ボランティア情報「東日本大震災被災3県のボランティア活動者数」「阪神・淡路大震災以降の大災害における災害ボランティア活動者数 (概要)」

2) グローバルエデュケーションセンター科目「体験の言語化」は，全学部の学生が受講可能であり，合計8回からなる各クラス15名の少人数授業である。これは，学生の自主性が大切にされる参加型授業のスタイルで展開される。体験を自分の言葉で語る力，体験から社会の課題を発見する力，こうした体験から学ぶ力をつけることで，所属する学部での専門科目を意欲的に学び，行動することや，社会に出てからの主体的な問題意識設定や解決のための行動をとる力にもつながる。

# ■ 相手の気持ちを推し量ることの大切さ

福 島　忍
目白大学人間学部准教授

　2015（平成 27）年に東日本大震災の被災地のいくつかの社会福祉協議会に出向き，当時の災害ボランティアセンターの状況についてその運営者に話を伺ったことがあるが，そのなかでお聞きしたボランティアの心得として印象的だったエピソードを紹介したい。それは「ボランティアと被災者の気持ちのずれ」についてである。ボランティアは張り切って被災した家の片づけを行う。その時に家人の高齢者に「一緒にやりませんか？」と声をかけてしまうことがある。職員の A さんによれば，「おばあちゃんたちからすると『昨日は北海道の子が一緒にやろうって言ったなあ。その前は名古屋の人が言ったなあ』と毎日言われることになり，ボランティアからすると『せっかく来たのに住民は座っているだけ』『当事者は自分で動こうとしない』と思ってしまうこともある」とのこと。このような場合，A さんは「実はこのおばあちゃん，ボランティアさんが帰った後も毎日片づけをしているんですよ。昨日も一昨日もずっと。なかなか休む暇がないんだ」ということを説明しているという。また，被災地でコンビニ前にたむろしている若者に対しても，「自分たちがボランティアをしているのに，地元の若者は何をしているのか」と不満を漏らす人もいたという。

　ボランティアの「受け手」に対して「自分が手伝えなくても感謝の言葉をかけるよう」に促し，ボランティアにとって作業だけでなく人の記憶が残るような活動になるように工夫した職員もいる。災害時においては被災者とボランティア双方がお互いの気持ちを推し量って行動することの重要性を感じている。

*column*

# 第12章　消防団等の役割

## 第1節　消防団のなりたちと現況

### ▶ 1.　消防団の歴史的過程

　古来より人は，火を使って暖をとり調理をし，生活を豊かにするツールとして活用してきた。しかし火は時に，人の生命・財産を奪い，生活基盤を根底から崩壊させてしまう。住家同士の間が広かった時代はいざ知らず，人口が増え都市が形成されるようになってくると，火災は個人だけの不幸にとどまらず地域全体の災禍となった。

　1603（慶長8）年，徳川家康により江戸幕府が開かれると江戸は急速に人口集中が進み家屋の密集度も高まったが，一般に木と紙で出来た当時の日本家屋は，一度火が廻るとその勢いは激しいものとなった。江戸幕府は1621（元和7）年，旗本の中から「火消役」を任じて，江戸城警備と火災防禦体制を組織化した。そして1650（慶安3）年，さらに組織規模を拡大充実した「定火消」が常設されたが，その出場範囲は江戸城と武家地に限られており，大火を除いて町家への対応はなされなかった。幕府によって組織されたこの定火消が現在の常備消防の源流とされている。一方，町民に対しては数々の「町触れ」や「定」を通して，一たび火災が発生した場合は，町の人々は駆けつけ消火に当たること，駆けつけなかった者には罰則を与えることを定めた。しかし組織化はなされず，火災ごとに駆けつける状態では統制も取れずまた技術的効果も上がらなかったことから，1719（享保4）年，8代将軍徳川吉宗が南町奉行大岡越前守に命じ，消防は町単位で責任を持たせた，「町火消」が誕生した。高所作業を得意とする鳶職人が中心となり，火事が起こると先を争って現場入りし，纏（まとい）を振って心意気を示す姿は町人たちの憧れと尊敬の的となり，「いろは四十八組」

149

として数多くの錦絵や浮世絵に描かれることになった。「わが街はわが手で守る」という義勇精神に基づく町火消は，現在の消防団の源流とされている。

　明治に入り政治体制確立の過程の中で，1888（明治21）年に「市制町村制」が公布され地方制度の再編が行われたが，消防組織も全国的な統一を図る考えから1894（明治27）年に「勅令消防組規則」が公布された。この規則をもって消防団制度のスタートとされている。その後太平洋戦争戦時下体制の「警防団」を経て，1947（昭和22）年の「勅令消防団令」，同年の「消防組織法」により現在の消防団の形となった。

## ▶ 2. 消防団の現況

　「消防法」はその目的として「火災を予防し，警戒し及び鎮圧し，国民の生命，身体及び財産を火災から保護するとともに，火災又は地震等の災害による被害を軽減するほか，災害等による傷病者の搬送を適切に行い，もって安寧秩序を保持し，社会公共の福祉の増進に資すること」（第1条）としている。国民一人ひとりが防火防災の意識を高く持ち，備えることが肝要であるが，具体的な消防組織としてわが国の消防機関は「消防組織法」により，常備消防とよばれる消防本部および消防署と，消防団という2つの組織によって構成されている。

　この2つの組織の構成員は，決定的に違う点がある。消防本部および消防署の職員（いわゆる消防官）は，常勤の一般職地方公務員として勤務し給与支給を受けるのに対して，消防団の団員は，日常においては会社員や学生などそれぞれの本業を持った地域の一般住民である点である。消防団員は災害発生時や訓練等で出場した場合には，特別職地方公務員として活動するが[2]，仕事や家庭を投げ出してまで消防団活動を優先することは求められていない。

　このように職業人としての消防職員（公助）と，一般地域住民である消防団員（共助）が地域でともに災害対応にあたるというわが国の消防体制は，「自助」「共助」「公助」の意識と役割がバランスよく成立しているものと評価できよう。

　消防団への入団資格は，市町村ごとに条例で定められているが，一般的に「18歳以上」で「その市町村に居住もしくは勤務している人」であり，希望すれば

心身の健康に大きな問題がなければ入団することができる。[3] 2020（令和2）年4月1日現在，全国の消防団員数は81万8478人（うち女性は2万7200人）であり，平均年齢は41.9歳である。また，総団員数に占める被雇用者の割合は73.9%となっているが，これらは地域によってそれぞれ異なってくる。

消防団は平時にあっては，次の3つが大きな活動の柱となる。

① 「消火・救助・救護訓練」

専門的知識と技術の習得に努め，個人的実力を高めるとともに，組織として行動できるよう規律や指揮系統[4]に基づいて訓練するものである。団員はみな生業を他に持つので，訓練は夜間や休日を使い段階的な習得を目指している。

② 「防火・防災啓発活動」

火災予防運動や，年末年始の消防特別警戒の実施など，地域住民への防災思想の普及と予防に努める。地域によっては「夜警」などを子ども会等と合同で実施することにより，児童期の「防災教育」の一環とするところもある。

③ 「地域行事への支援」

地域での救命講習会・避難所開所訓練・消火訓練等での指導を，町内会等とともに実施する。その場合地元の自主防災組織との連携も期待される。また花火大会やお祭り等における雑踏警戒等にも，火災予防だけでなく傷病人への対応のために出場する。[5]

そして災害発生時には，消防隊と連携し日頃訓練して身に付けた知識と技術をもって活動にあたっている。


## 第2節　消防団の特性と役割

### ▶ 1. 3つの特性

消防団は以下の3つの特性を活かしながら，常備消防である消防本部および消防署とともに地域の安心安全のために活動している。

① 地域密着性（団員は管轄区域内に居住または勤務・通学している）

② 要員動員力（団員数は消防職員数の約4.9倍）

③　即時対応力（日ごろからの教育訓練により災害対応の知識と技術を持つ）


　まず「地域密着性」であるが，団員自身が地域住民の一人であるので，地域のインフォーマルな社会資源や人間関係を様々なつながりの中で把握している。よって地域の高齢者が多いエリアはどこか，子どもたちがよく集まって遊んでいる場所はどこかなど，地域住民の生活パターンを知り，名前と顔が一致するということは，ひとたび災害が起こったときには迅速・的確な対応が可能となろう。東日本大震災をはじめとする近年の災害においても，消防団員がこのような地域情報を，消防職員をはじめ自衛隊・警察等と共有することで要救助者の早期発見につながったケースも多く報告されている。またそれ以外の災害でも，災害現場や避難所などで地域住民が顔見知りの消防団員を見かけると安心感を抱くとの声もよく聞かれるものである。

　確かに災害に対する知識や技術は消防職員のほうが上回るだろう。しかしその地域の「表情の変化」までも知っている消防団員が消防職員とともに活動することは，状況を整理し効果的な災害対応を実施する上で，相互を補完しあう極めて対等で有効なものである。

　次に「要員動員力」であるが，団員数は漸減傾向にあるとはいえ，全ての市町村にこれだけのマンパワーがあるということは，世界の消防組織と比較しても特筆すべきであろう。

　消防団員は，常備の消防職員のように職業として地元に待機しているわけではない。よって災害発生時必ずしも地元にいるとも限らず，また家庭の都合で出場できない者も当然発生してくる。2020（令和2）年4月1日現在，団員のうち被雇用者が占める割合は73.9％を占めており，日中地元を離れて会社等に勤めている者も多い。だからこそ団員数がさらに増加することでお互いの状況をカバーすることができ，ひいてはそれが地域防災力の向上につながるのである。この観点からも消防団員の入団促進に対する環境整備は喫緊の課題といえよう。

　そして「即時対応力」である。消防団は組織として効率的に対応できるよう，指揮命令系統や役割分担などが平時より明確にされている。この厳格な実施が

152

災害時に混乱することなく，必要な現場に人員と資機材を配置することができるのである。地域には様々な知識や技能をもった人々がいるが組織化されなければその貴重なマンパワーは相乗効果を持ちえず，地域にとって大きな損失ともいえる。消防団は，地域をわが手で守るという「思い」とそれを具体化する「知識・技術」を組織として保持することで，日夜来るべき災害に備えている。

## ▶ 2. 「地域防災力の中核」との位置づけ

2013（平成 25）年 12 月に「消防団を中核とした地域防災力の充実強化に関する法律」（以下，消防団等充実強化法）が成立した。高齢化の進展や生産活動の広域化などで社会の様々な成り立ちが変化していく中，消防団の強化を図ることにより地域における防災力を拡充していく目的で制定された。この法律で消防団が「将来にわたり地域防災力の中核として欠くことのできない代替性のない存在」（第 8 条）と規定された意義は大きく，消防団の役割は今後ますます重要なものになる。以下に同法のいくつかのポイントと課題を整理する。

●公務員の消防団員との兼職に関する特例（第 10 条）

「職務の遂行に著しい支障があるときを除き，これを認めなければならない。」とあり，基本的に公務員の入団の意思は妨げられない。公務員が消防団員として活動することは，地域防災の推進を図る上で地域の住民からも理解を得やすくなるとともに，行政にとっても防災行政の一層の理解促進につながるものである。自治体によっては兼職に関する規則や規定を示し，職員の入団を積極的に行っている。<sup>6)</sup>

●事業者の協力（第 11 条）

実際に消防団員の被雇用者率は 7 割以上にも達している状況から，円滑な消防団活動を行うにあたり，事業所側の理解と協力はこれまで以上に不可欠である。国においても事業者による配慮，団員に対する不利益な扱いの禁止などについて，経済団体等に働きかけを行っている。現在は消防団活動に積極的に協

力してくれる事業所に対して「消防団協力事業所表示制度」を設け社会貢献を地域に示しているが，「評価・表彰等」だけではなく，例えば入札参加資格に係る優遇措置等の特例措置，長野県及び静岡県において実施されている事業税の減免措置など「実益的なメリット」を提供する工夫も必要だろう。団員にとっても事業所にとっても魅力ある制度を増やすことも，消防団員増加の鍵の一つである。

　機能別団員の積極的導入も新たな潮流である。大規模災害対応や情報収集・広報活動など特定の活動や，時間の許す範囲での活動を期待されている。平成21（2009）年では5410人であったものが，令和2（2020）年は2万6095人と増加した。地域を良く知る郵便局員がその職務特性を生かして活動するなど，様々な形態がある。


●大学等の協力（第12条）

　学生団員は平成21（2009）年では1515人であったものが，令和2（2020）年は5404人と増加した。学生が消防団活動に参加することは，防災の担い手になることは言うに及ばず，学生自身にとっても貴重な体験になろう。彼らは卒業後においても，それぞれの地元で消防団活動や自主防災組織活動などに参加し，将来の地域防災のリーダーとなることが期待できる。大学等は消防団活動を行う学生に対し適切な修学上の配慮その他の自主的な取り組みを促すものとしている。若いマンパワーとしての学生に対する期待と，それをサポートする大学等の社会的役割が示されたと言える。総務省消防庁では，学生消防団員に対する就職活動支援の一環として「学生消防団員活動認証制度」を設けている。大学等に通学しながら消防団活動に取り組み，地域社会に貢献した学生に対してその功績を市町村が認証することで，採用側に積極的な評価を期待するものである。


　この消防団等充実強化法の成立を受け，消防庁の第27次消防審議会は2014（平成26）年7月3日，「消防団を中核とした地域防災力の充実強化の在り方に

写真 12-1　活動中の新宿消防団員

関する中間答申」をとりまとめた。この答申では主として，①消防団への入団促進　②地域における消防団活動に対する理解の促進　③地域防災力の充実強化に関する国民運動の展開，を通して消防団を中核とした地域防災力の充実強化に総合的・計画的に取り組むこと，などが国及び各地方公共団体その他の関係主体が早急に取り組むべき事項としてまとめられた。この中間答申に基づいたものが，以後様々な施策に反映されている。

## 第3節　消防団の課題と展望

### ▶ 1.　団員をいかに増やすか

　東京消防庁が 2020（令和 2）年に実施した世論調査[7]によると，消防団を「知っている」または「名前は聞いたことがある」を選んだ人に対して「地域の安全・安心を守るため，あなたは消防団に入団したいと思いますか」という質問を行った結果は「消防団に入団したいと思わない」との回答は 81.9 ％，「条件が合えば入団したい」は 15.7 ％であった。

　かつて消防団は，一定の年齢に達した若者が入団することは当然のように考えられ，地域によっては消防団員となることがコミュニティで一人前と認められる通過儀礼のようなものであった。しかし現在は「団員数の減少」が消防団

制度の一番大きな課題となっており，これは先述した「消防団３つの特性」の
うち「要員動員力」を大きく揺るがしている。

　この消防団員減少の説明としては，「消防常備化率の進展」「都市化の進展に
よる職住分離」が大きなものであろう。もともと地元の義勇消防として組織さ
れ，地域の防災組織として中心的役割を果たした消防団であるが，近代諸制度
の整備に伴い装備と体制を充実した常備消防が全国に設置されていく。2020（令
和2）年4月1日現在，常備化率は98.3％（市100％，町村96.9％）であり，一部
の山間部や離島を除いてほぼ常備化されている。この動きに比例する形で，消
防団はゆるやかに公助としての組織から共助としての組織へと役割も変化して
いった。そして地域差は当然あるが，生活環境の変化などから地元への帰属意
識が希薄になったことも，消防団への入団者減少につながっていったと考えら
れる。

　第1章で取り上げた内閣府の世論調査では[8]，「何か社会のために役に立ちた
いと思っている」と答えた人が63.4％も存在していることを思い起こしてみた
い。「地域貢献をしたい」というこれらの人々の思いが，実際の活動（ここでは
消防団活動）へと結実しない現状は，何が障壁になっているのかを精査する必
要がある。地域には多くの人的社会資源があることを常に意識し，地域の実情
を把握する過程の中での掘り起こしを工夫したい。

　東京都が2012（平成24）年に行った世論調査によると[9]，「あなたの今後の消
防団や自主防災組織への入団・加入や防災訓練等への参加意向について」とい
う質問に対し，「消防団に入団しない理由」としてもっとも多かったものは，
順に①「訓練等に参加する時間がないから」[10]（34.7％），②「活動が大変そうだ
から」（10.8％），③「活動内容がよくわからないから」（12.1％）と続く（**表 12-1**）。

　確かに地域住民は，それぞれ家庭と仕事でみんな忙しく「時間がない」だろ
う。また災害対応は訓練も含めて「大変そう」であるし，実際に災害時に駆け
付けられるかどうか「不安（判らない）」だ，と考えることは無理のないことで
あろう。そこでこの回答に着目してみたい。「活動内容がよくわからないから」
と「自分の地域にあるのかわからないから」と答えた人がそれぞれ 12.1％いる

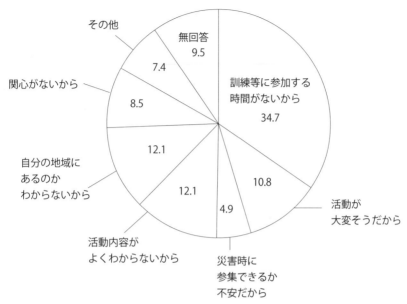

(n=1,764)

無回答
9.5

その他
7.4

関心がないから
8.5

自分の地域に
あるのか
わからないから
12.1

活動内容が
よくわからないから
12.1

災害時に
参集できるか
不安だから
4.9

訓練等に参加する
時間がないから
34.7

活動が
大変そうだから
10.8

**図 12-1 「消防団等に入団しない理由」(%)**
出所：「都民生活に関する世論調査」東京都生活文化局，平成 24 年 11 月

が，これは消防団や行政側が，具体的活動内容と存在をきちんと地域住民に認識してもらうための工夫がまだまだ不十分であることを示している。同じことは**表12-2** の回答からも判断できる。

　であるならば，消防団や行政側がこの点を十分に留意し，地域住民に消防団（活動）が「可視化」「意識化」されるための取り組みを地域の実情に合わせて工夫することが求められよう。このことによって，「入団しない理由」の上位3つも大きく変化することが考えられる。

　その際，目の前の入団者確保策に偏るのではなく，並行して中長期的な人材確保策も意識し，子どもたちへの「防災教育」を地域ぐるみで充実させることも肝要である。

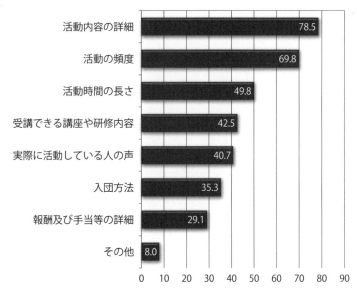

**図 12-2 「入団を検討するとしたら，消防団について必要な情報は何ですか」(%)**
出所：「消防に関する世論調査」東京消防庁，令和 3 年 2 月

### ▶ 2. 女性団員の活動への期待

　消防団がイメージされる活動は，災害時における「消火・救助・救援」が最たるものであろう。しかし近年増加傾向にある女性団員に対し，男性団員同様の体力が必要な活動はもちろん求められてはいない。平時においては「防火・防災啓発活動」「地域行事への支援」「救命講習」等で，女性の役割はもはや消防団活動に不可欠の存在である。災害時においては被災者の応急手当やその他後方支援といった重要な場面での活躍が期待されている。各地で様々な災害発生リスクがあるが，その時に開設される避難所等において発生するであろう，トイレ・着替え・授乳などプライバシー保持の問題や，生理・妊娠など女性特有のデリケートな状態についても，女性団員なら地域住民も相談しやすい。

　2014（平成 26）年 8 月の広島「平成 26 年 8 月豪雨」災害や[11]，2016（平成 28）年 4 月の「平成 28 年熊本地震」等においても，女性団員が避難所における活動として「女性及び高齢者に配慮した声かけや荷物移動のサポート（玉名市消

防団)」「高齢者を中心に，要望や困っていることがないかなどの声かけ（八代市消防団）」「簡易間仕切りセットなどの設置支援（竹田市消防団）」等のきめ細やかな活動を実施高い評価を受けている。

　女性ならではのソフトな対応やニーズの聴き取りは，地域住民，特に女性や子どもにとって非常に安心感を与えるものである。今後の消防団活動において女性団員の活躍を拡げることは，地域防災力の充実を図る上で欠かすことのできない視点である。

### ▶ 3. 地域の財産としての消防団

　災害対策基本法には「住民の隣保協同の精神に基づく自発的な防災組織」（第2条の2第2号）として地域住民による「自主防災組織」が規定されており，自治会・町内会等の防災担当部をベースとする場合が9割を占めている。自然環境，社会環境，そして住民の意識等は様々であることから，地域の実情に応じた組織化が進められている。2020（令和2）年4月1日現在，全国には1741の市区町村があるが，そのうち1688の市区町村に16万9205の自主防災組織が結成されており，これらの住民カバー率（全世帯数のうち，自主防災組織の活動範囲に含まれている地域の世帯数）は84.3%となっている。

　平時においては，防災訓練の実施・防災知識の普及啓発・地域の災害危険の把握・防災資機材等の整備等を行っており，災害時においては，初期消火・避難誘導・救出救護・情報の収集伝達・給食給水・災害危険箇所等の巡視・避難所の管理運営等を行うことが期待されている。

　消防団等充実強化法には「自主防災組織等の教育訓練における消防団の役割」（第18条）として，市町村は消防団が自主防災組織等の教育訓練において指導的な役割を担うよう必要な措置を講ずるよう努めると規定してあるが，消防団は決して上位の組織ではない。消防団は豊富な知識と経験を積んでいるがゆえに訓練場面では「指導」する立場にあっても，自主防災組織をはじめ地域住民とはフラットな関係で連携協力し防災に努めることが重要である。消防団だけではなく，自主防災組織や防災ボランティア[12]等の充実を併せて推進するこ

とが，地域防災力全体の強化につながっていく。

　消防団がこれからも「将来にわたり地域防災力の中核として欠くことのできない代替性のない存在」（同法第8条）たりえるためには，時代の生活スタイルや価値観に合わせた組織化を地域の実情に積極的に合わせていく必要がある。災害時に消防団がその実力を最大限に発揮するためにも，地域の町内会や自治会・事業所・学校・福祉施設など，あらゆる物的人的社会資源と平時より有機的な連携を図っておくことが求められよう。

　「わが街はわが手で守る」という思いのもと，年齢も職業も様々な地域住民が「消防団」という組織でつながっていることは，災害時だけではなく平時においても豊かな地域の財産なのである。

---

**〈演習課題〉**

1. 地元消防団が，どのような活動をしているのか調べてみよう。
2. 地元消防団を，さらに活性化するためのアイディアを考えてみよう。
3. 地域の防災訓練や救命講習などに，実際に参加してみよう。

---

**注**

1)「明暦の大火（1957年）」の翌年，1658（万治元）年に4千石以上の旗本4名をもとに創設されたとする説もある。

2) 市町村から数万円程度の年額報酬や，災害時に活動したり訓練等に参加した時の出場手当が一回につき数千円程度支給される。また公務災害についての保障や，一定以上勤務した場合の退職報償金も支給される。

3) 入団希望者は近くの消防署などに問い合わせることになるが，総務省消防庁はじめ区市町村は，ホームページやFacebookなどのSNSも駆使し，幅広く入団希望者を増やす工夫をしている。

4) 消防団には7つの階級（団長・副団長・分団長・副分団長・部長・班長・団員）がある。これは指揮命令系統を明確にすることで，混乱した災害現場でもチームとしてそれぞれの役割を果たすことができるからである。

5) 東京2020オリンピック・パラリンピック競技大会でも，会場の雑踏警戒や救急対応に特別区消防団員が従事した。

6) 2021（令和3）年4月1日，大阪府大東市は，市職員のみで編成された機能別消防団（市役所分団）を発足させた。平日日中の消防団員不足に対応するため，勤

務時間帯における火災活動・行方不明捜索に限定して活動する。

7) 東京消防庁「消防に関する世論調査」2021 年

8) 内閣府「社会意識に関する世論調査」2020 年

9) 東京都生活文化局「都民生活に関する世論調査」2012 年

10)「訓練等に参加する時間がないから」を上げた人は，40 代男性では 50.3％にものぼる。

11) 安佐南消防団女性団員（34）は，「避難してきた人から『毎日，制服を着た女性がいることで安心だよ』と声を掛けられ，うれしかった」と話している。広島市広報誌『ひろしま市民と市政』平成 26 年 10 月 25 日号

12) 東京消防庁では，1995（平成 7）年度より登録制の「災害時支援ボランティア」を発足させた。東京消防庁管轄下に震度 6 弱以上の地震が発生した際や，大規模な自然災害や事故が発生した場合，消防職員の指導と助言により，応急救護活動・消火活動の支援・救助活動の支援・災害情報収集活動などといった後方支援を行う。平時における消防団との「顔の見える関係」の構築も課題の一つであろう。

**参考文献**

井村圭壮・相澤譲治編『総合福祉の基本体系第 2 版』勁草書房，2013 年，pp.137-146

木下慎次「大槌町消防団のいま」『J レスキュー』第 65 号，イカロス出版，2013 年，p.21

後藤一蔵『消防団の源流をたどる』近代消防社，2001 年

後藤一蔵『改訂国民の財産消防団』近代消防社，2010 年

後藤・安田記念東京都市研究所『都市問題』第 105 巻第 9 号，2014 年

災害時要援護者避難支援研究会編『高齢者・障害者の災害時の避難支援のポイント第 3 版』ぎょうせい，2011 年

消防団と地域の自主防災組織等との連携のあり方に関する検討委員会「消防団と地域の自主防災組織等との連携のあり方に関する報告書」2000 年

総務省消防庁「消防団員の確保方策等に関する検討会報告書」2018 年

総務省消防庁「自主防災組織の手引き―コミュニティと安心安全なまちづくり―」2017 年

総務省消防庁『令和 2 年版　消防白書』2020 年

東京消防協会編『東京の消防団創設 50 周年記念誌』1997 年

東京消防庁『東京の消防百年の歩み』1980 年

徳田正明『大規模特殊災害と消防　活動体験からの現状と課題』東京法令，1988 年

内閣府『令和 2 年版　防災白書』2020 年

日本消防協会編「消防団員確保対策に関するシンポジウム報告書」2013 年

日本消防協会編『消防団の闘い—3.11東日本大震災—』近代消防社，2012年

日本消防協会編『消防団百二十年史』近代消防社，2013年

復興庁震災関連死に関する検討会「東日本大震災における震災関連死に関する報告」平成24年8月21日

永田尚三「消防団の現状と課題　共助の要である消防団の衰退を食い止めることは可能なのか」『武蔵野大学政治経済研究所年報』7号，武蔵野大学，2013年，pp.77-111

長谷川洋昭・福島忍・矢野明宏編『災害福祉論』青踏社，2015年

# ● 消防団　令和の時代にも色褪せず

増田哲生

東京消防庁新宿消防署署長・消防監

「おばあちゃん，そんなこと言わないで。ここは危ないから一緒に避難所に行こうよ…」

令和元年10月，台風の接近を伝えるテレビニュースの中で流れた一コマです。自宅を離れることをためらうおばあちゃんに対して，若い消防団員が優しくなだめ，避難を促しています。この映像を見た私は，「住民の心を動かす呼びかけ」ができるのは消防団員だからだ，と感じました。おばあちゃんと消防団員は，おそらく顔見知りなのでしょう。もしかしたら，この消防団員が小さいころから知っていたのかもしれません。だからこそ，おばあちゃんを案ずる若き消防団員の言葉が，肉親からのそれのように彼女の心を動かしたのでしょう。

我々のような常備消防の職員や行政の職員も，災害リスクが高まっているときに，住民に避難を呼びかけることがあります。しかし，果たして我々に行政からの「上からの勧告」ではなく，この若い消防団員のような，住民の心に直接働きかける呼びかけができるであろうかと考えます。それができるのは，同じ地域に住み，歴史を共有し，住民から信頼を得てきた消防団だから，でしょう。

私が勤務する新宿消防署管内にも，消防団（新宿消防団・定数300名）があります。新宿といえば多くの人は，日本一の繁華街である歌舞伎町，超高層ビルが立ち並ぶ西新宿を思い浮かべることでしょう。令和のこの時代，日本を代表する大都会新宿で，古く泥臭いイメージの消防団は必要なの？　災害対応は消防署だけで十分では？　という疑問を抱く人も少なくないかもしれません。確かに通常の火災，救急，救助といった災害だけであれば，常備消防で十分対応できるでしょう。しかし，台風をはじめとする風水害，そして地震災害など常備消防だけでは絶対的な消防力が不足することが見込まれる大規模な自然災害時に頼りになるのが，地域の住民によって構成され，住民の家族構成など，それぞれの地域の実情に明るい消防団です。

そして無機質な大都会と見られがちな新宿区内には，実は約34万人もの人が暮らしているのです（令和3年8月現在）。その新宿に暮らし住まう人の心に寄り添い，行政と住民の隙間を埋めることができるのは，間違いなく消防団なのです。

*column*

# 第13章　防災教育の現状と課題

## 第1節　学校教育目標と防災教育

### ▶ 1. 学校に求められる防災教育

　「自然災害に対する学校防災体制の強化及び実践的な防災教育の推進について」（文部科学省，2019（令和元）年12月5日付依頼文）では，学校安全計画や危機管理マニュアルの策定・作成，見直しとともに，実践的な防災教育の実施について明示された。近年の気象災害や地震災害など様々な自然災害の発生，気象災害の激甚化や南海トラフ巨大地震，首都直下大地震等の大規模な災害が懸念される中，「自助」「共助」「公助」の視点を踏まえた系統的・体系的な防災教育の重要性が一層高まっている。

　さて，「地域における防災教育の実践に関する手引き」（内閣府，2015（平成27）年3月発行）では，防災教育を実践するにあたり，解決すべき6つの課題が

表13-1　「防災教育を成功させる6つの要素」

| 人 | 担い手・つなぎ手 | 取組を主導する担い手の確保や，様々なタレントを持つ人と連携するためのつなぎ手を確保できるか |
|---|---|---|
| 運営 | 組織・体制 | 防災教育の取組体制，地域内・外の協力，連携体制を構築できるか |
| 場 | 時間・場所 | 防災教育に取り組むための時間や場所を確保できるか |
| お金 | 資金・経費 | 防災教育に必要な資金の確保や経費の低減ができるか |
| ネタ | 知識・教材 | 防災教育を実践する上で必要となる知識や教材等の入手と運用ができるか |
| コツ | 工夫 | 防災教育の取組の質を高め，より効果的・効率的なものにするための意外なノウハウを知っているか |

出所：「地域における防災教育の実践に関する手引き」内閣府（2015（平成27）年3月発行）をもとに作成

示されている。学校での防災教育の実践に際しては，地域の特性に応じた組織的な準備・計画・立案を進めていくが，変動する見通しのつきにくい昨今の状況においては，特に地域資源（リソース）を整理しながら外部人材の知見も踏まえた運営体制を整備していく必要がある。

　本章では，これら6つの課題を意識しながら，兵庫県姫路市に位置する義務教育学校（9年制の公立学校）での実践を述べていきたい。

### ▶ 2.　姫路市における防災教育〜学校災害対応マニュアルの策定〜

　兵庫県姫路市は県南西部に位置する人口約53万人の中核都市である。観光地としては世界文化遺産である姫路城が有名であるが，山間部・都市部・平野部・臨海部・島嶼部など非常に多様な地域性に富んでおり，地域ごとに自然災害への備えも大きく異なってくる。防災教育の基本的な考え方を示した「学校災害対応マニュアル作成指針」（姫路市教育委員会，2013（平成25）年策定，2019（令和元）年改訂）でも，

> Ⅰ．「どのようなことに気をつけるべきか」（姫路市で予想される学校災害と想定）
> Ⅱ．「いざというときどうするのか」（学校災害のレベルと災害対応）
> Ⅲ．「そのために普段からどう備えるか」（学校園・教職員・子どもたち・保護者・地域の学びと備え）
> Ⅳ．「被害を予防するために何をするのか」（中長期的学校園整備計画）

写真13-1　学校災害対応マニュアル作成指針

の4点が示されており，地域の災害要因や学校規模，人的・物的資源（リソース）等に応じて学校ごとに具体的な指針を定めることが明記されている。各校では「津波への対応（臨海部）（島嶼部）」「土砂災害への対応（山間部）」「河川氾濫への対応（平野部）」など，市域一律ではなく地域に応じた指針を定め，各校の防災教育の計画立案や運営につなげている。

　兵庫県姫路市豊富（とよとみ）町は姫路市の北東部に位置する里山と里川に囲まれた自然の豊かな地域である。本校は，2020（令和2）年4月1日，隣接する豊富小学校と豊富中学校が一つにな

り，9年間をつなぐ施設一体型の義務教育学校「蔭山の里学院　姫路市立豊富小中学校」として開校した。

写真 13-2　緊急避難場所を示すプレート

通称名を「蔭山の里学院」としたのは，古来より豊富校区を含む地域がかつては「蔭山の里」と呼ばれていたこと，わが国においては，人々が集い学ぶ場を「院」と呼んでいたこと等に由来する。児童生徒数は 732 名。教育課程上は小学校にあたる前期課程（1年生〜6年生）と中学校にあたる後期課程（7年生〜9年生）が，温かな地域に見守られながら新しい学校・新しい生活様式の中で学びを深めている。

本校は，校区内に兵庫県2級河川・市川や神谷ダムからの放流水神谷川などが流れており，雨季の河川氾濫や土砂災害もリスクとして想定した計画を立て，防災教育を推進している。なお，学校災害とは「交通事故」「いじめ」「学校事故」等も含めるが，本章では自然災害への対応について記載する。

## ▶ 3. 変動する社会の中で自己を実現できる人材の育成

VUCA (Valatility：変動性，Uncertainty：不確実性，Complexity：複雑性，Ambiguity：曖昧性) と呼ばれる時代の中，新型コロナウイルス感染症により，私たちを取り巻く社会環境の複雑性がいっそう増し，将来についての予測が困難な状況が続いている。生活様式や行動様式の劇的な変化は私たちの消費行動にも大きな影響を与え，あふれる情報を取捨選択するとともに，その真偽を見極め，科学的・論理的に考えるとともに適切に意志決定する力がますます必要になっている。

本校では，「変動する社会の中で自己を実現できる人材の育成」を学校教育目標とし，育みたい資質・能力として「課題対応能力」を掲げ

図 13-1　学校グランドデザイン

ている。

　課題対応能力とは，「様々な課題を発見・分析し，適切な計画を立ててその課題を処理し，解決することができる力」と定義している。具体的な要素としては，情報の理解・選択・処理等，本質の理解，原因の追究，課題発見，計画立案，実行力，評価・改善などが挙げられる（中央教育審議会「今後の学校におけるキャリア教育・職業教育の在り方について（第二次審議経過報告）」より）。

　なお，第2期姫路市教育振興基本計画1-7-⑤「防災教育の推進」では，その課題と目的が以下のように記載されており，本校における課題対応能力の育成は，特に下線部と深く関連するととらえている。

> 　自他の命を守る能力や共生の心を育むことをねらいとし，学校災害対応マニュアル作成指針で示している「各発達段階における重点」が身に付くよう，全ての教育活動を通して，平素から減災の視点に立った教育やより実効性のある訓練実施を推進する。

## ▶ 4. 未来を拓く道具の入った「た・ま・て・ば・こ」

図13-2　学びに向かう姿

　ここで，課題対応能力をイメージしたキーワード「た・ま・て・ば・こ」を紹介したい。この「た・ま・て・ば・こ」は，「学びに向かう姿」と「学びへの支援」で大切にしたいポイントの頭文字をとったものである。「学びに向かう姿」は右図の内容である。自分なりのテーマを持ち，試行錯誤しながら調べ，課題解決へ向けて前へ歩んでいく。失敗したと思ってもあきらめない。自己調整しながら，粘り強く学び続ける姿への願いを5つのフレーズに込めた。このことは，先人の知恵や経験・歴史から学び，防災・減災に向けて自ら行動を起こしていくことにもつながると考える。

　もう一つの「学びへの支援」は，新しい時代の学びに大切にしたい5つの要素「体験・学び方・テクノロジー・場の設定・好奇心」を明示したものである。新型コロナウィルス感染症により体験の価値が変容し，学び方やテクノロジー

の変革が起きている。また「三密を避ける」「手洗い・消毒・検温・マスク着用の徹底」など，災害発生時の避難所運営にも大きな影響を与えている。子どもたちには日常の生活の中で身近に自然の豊かさを感じながら，テクノロジーのよさも活用し，地域の専門家と協働しながら学んで欲しいと願っている。

## 第2節　事例から見る学校の防災教育

　本節では，いくつかの事例を「た・ま・て・ば・こ」をキーワードとしたカルタとともに紹介したい。

### ▶ 1. 体験と教訓つなぐ，調べる力

　ゴールとして災害発生時の備えを記載した「自分のいのちのパスポートづくり」を設定した第4学年の実践である。学習のきっかけとして阪神・淡路大震災と東日本大震災を経験した地域の防災士を講師として招聘。震災当時の経験とともに，実際に非常持ち出し袋に必要な中身について指導を受けながら，自分たちの住む地域（姫路市豊富町）では何をどのように備えていくべきか調べ学習を進めた。

　さらに，教室と姫路市防災センター総合指令室をオンラインでつなぎ，自分たちで調べきれないことについては姫路市危機管理室の職員との質疑応答を通

写真13-3　非常持ち出し袋の中身について学ぶ児童

写真13-4　危機管理室職員との質疑・応答

写真13-5　学んだことを「いのちのパスポート」へ反映

して理解と解決につなげていった。「災害発生時の待ち合わせ場所を家族で確認した」「非常持ち出し袋の中身を点検した」など，平時の備えと有事の対応について学びを深めることができた。

### ▶ 2. 学び方，地域の人材，大事な資源

（ま）<br>
学び方<br>
地域の人材<br>
大事な資源

　ゴールとして「姫路木綿をつかった防災用品の開発」を設定した第6学年の実践である。姫路市を拠点に活動するひめじ防災ラボ＆スタディと姫路木綿保存の会が企画・運営する「コットン・チルドレンラボ」と題したプロジェクトに参加した。このプロジェクトでは，姫路木綿を育てる中で身の回りの自然や命の大切さ，かつての困窮した姫路藩を救った名君・河合寸翁等について学びながら，自分たちで育てた綿を使った防災用品の開発を進めた。

　新型コロナウイルス感染症の対応として地域人材とのやりとりはすべてオンラインで実施。また，防災士から「なまずの学校」というゲームを通じて避難所運営のあり方も学んだ。市内の小学校とも交流しながら，綿棒やマスクなどのアイデアを形にすることができた。

写真13-6　地域人材との学びはすべてオンライン開催　　写真13-7　防災ゲームを通じて学びを深める　　写真13-8　開発した防災用品をプレゼンテーション

### ▶ 3. テクノロジー，新たな形の防災教育

　ゴールとして「調べたことをもとに新聞記者から学ぶ」を設定した第8学年（中学2年生）の実践である。生徒たちは，「復興」「仮設住宅」「避難所」「ボラ

<table>
<tr><td>

**て**

テクノロジー
新たな形の
防災教育

</td><td>

ンティア」「メカニズム」「ライフライン」のグループに分かれ，インターネットや図書資料などを用いて調べ学習を実施。各学級で調べたことをプレゼンテーションするとともに，オンラインで兵庫県神戸市と学校とをつなぎ，震災当日は神戸新聞社三宮本社で当直し，震災発生時から復興の歩みを取材・報道してきた記者から当時の被災地の様子や記者として

</td></tr>
</table>

の想い，つないでいきたい体験や教訓について学んだ。

写真 13-9　学校図書館に展示の震災発生時の新聞　　写真 13-10　自分たちにできることをプレゼンテーション　　写真 13-11　神戸市と教室をつなぎ新聞記者から学ぶ

### ▶ 4. 場の設定，節目を捉え想いをつなぐ

<table>
<tr><td>

**ば**

場の設定
節目を捉え
想いをつなぐ

</td><td>

ゴールとして「災害発生時の対応を学ぶ」を設定した第1学年〜第9学年の実践である。阪神・淡路大震災から26年目の節目の日に実施した。全校一斉でシェイクアウト訓練に続き，校内放送を使って「ひょうご安全宣言」を児童生徒代表が読み上げた。その後，「災害発生時の身の守り方」や「非常持ち出し袋の中身を考える」「防災クイズを通した行動確

</td></tr>
</table>

認」など，発達段階に応じて防災・減災について学びを深めた。

　当日は姫路市危機管理室の職員も取材のために来校し，本校の実践をもとに防災教育映像資料を作成。この映像は，2021（令和3）年3月7日に実施された「姫路市総合防災訓練」において，姫路市長をはじめとした局長等による姫路市防災会議において防災教育のモデルケースとして紹介された。

写真 13-12　ひょうご安全宣言を読み上げる生徒代表

写真 13-13　頭を護る動きを確認する様子

写真 13-14　非常持ち出し袋の中身を考える様子

### ▶ 5. 好奇心，平時に課題を見つける視点

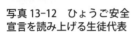

こ　好奇心　平時に課題を見つける視点

防災教育の目的は，一人ひとりが当事者として防災・減災意識を高めるとともに，地域の過去の災害や防災に関する知識や避難行動等に関する技能を身に付けることで，自助・共助・公助を基本として災害に対応できる態度を培うことにあると考えられる。

例えば**写真 13-15** は，地域団体と日本赤十字社姫路市支部による「いのちをつなぐ学習」の様子である。保健・体育科の学習の一環として，血液の役割と献血の大切さや，災害発生時に救急処置として三角巾をどのように使うかを学んでいる。このように，知識と技能を得ることで，具体的な行動＝態度につなげることができると考える。

写真 13-15　いのちをつなぐ学習

また，**写真 13-16** は学校に隣接する消防署による「消防教室」の様子である。社会科の学習の一環として，火事だけでなく自然災害発生時に消防車や救急車がどのような役割を果たすのか，消防隊員として心がけていることは何かなどを学んでいる。2017（平成 29）年 3 月に告示された小・中学校学習指導要領の中でも，教科横断的に防災について学ぶことが明示されている。教科等の目標と関連付け，児童生徒の防災に関する知的好奇

写真 13-16　消防教室

心を喚起することで，平時に有事の課題を発見できる視点を育んでいきたい。

## 第3節　今後の防災教育のあり方

　ここまでいくつかの事例をもとに防災教育の取り組みを紹介してきた。さて，第1節でも引用した「地域における防災教育の実践に関する手引き」(内閣府，2015 (平成27) 年3月発刊) では，防災教育を実践する上で念頭におくべき事項が以下の5箇条として整理されている。

---

**○その1　地域の特性や問題点，過去の被災経験を知ること**
　　地域の脆弱性を把握し，想定される災害リスクを的確に捉えることが必要です。

**○その2　まずは行動し，身をもって体験すること**
　　まずは自ら行動に移し，周囲に示すことが重要です。

**○その3　身の丈に合った取組とすること**
　　理想や目標は掲げつつも，取組に必要なリソース (資源) を確認し，無理せず，欲張らず，自分達ができる範囲で取組を進めることが重要です。

**○その4　様々な立場の関係者と積極的に交流すること**
　　周囲の関係者と協力・連携することにより新たな知見を取り入れ，取組体制を拡充させることが必要です。

**○その5　明るく，楽しく，気軽に実行すること**
　　防災を楽しいことと結び付け，日常生活の中で気軽に継続できる取組を進めることが重要です。また，地震や風水害などの災害だけでなく，自然がもたらす恩恵の面もよく理解して，その地に暮らす誇りにつながるような取組が求められます。

---

　このことは，本章第2節で述べてきた「た・ま・て・ば・こ」をキーワードとした防災教育と合致する部分が多い。上記の5箇条のうち，特に大切な視点は「その4　様々な立場の関係者と積極的に交流すること」ではないだろうか。地域人材として専門家と交流することは，防災教育の進め方や知見を共有するとともに，学びを学校内だけで閉じず社会に開かれたものとなるからである。本校でも，NPOや地域団体，防災士，新聞記者などを貴重な地域資源と捉え，積極的に交流を進めた。

　防災教育のあり方は地域の実情により異なるが，防災・減災に取り組む資質・

能力は日々の学び・くらしの中で育んでいけるよう工夫することが求められよう。

---

〈演習課題〉

1. あなたが学生時代に経験した防災教育にはどのようなものがありますか？グループで共有してみよう。
2. 節目を捉えて実施することで防災教育の効果は高まります。自然災害への対応をテーマとした場合，取り上げるべき過去の自然災害にはどのようなものがあるか整理してみよう。
3. 地域資源（リソース）を活かすことが大切です。あなたの地域には，防災教育に活かせるどのような人材や施設等があるか整理してみよう。

---

**参考文献**

内閣府「地域における防災教育の実践に関する手引き」2015（平成 27）年 3 月
姫路市「姫路市総合計画 2030」2021（令和 3）年 3 月
姫路市教育委員会「学校災害対応マニュアル作成指針」2019（令和元）年改訂
文部科学省「自然災害に対する学校防災体制の強化及び実践的な防災教育の推進について」2019（令和元）年 12 月 5 日付依頼文

# ● 阪神・淡路大震災の教訓を継承する

東滝弘子

兵庫県防災士会

阪神・淡路大震災の教訓を後世にどのようにつないでいくのか。

大震災を経験した被災地県として次世代への継承をつなぐ「ひょうご防災特別推進員」としての啓発活動をご紹介する。

注力しているのは，偶然にも阪神・淡路大震災と東日本大震災の2つの大震災の経験談を交えた小中学校での防災講座である。災害当日の街の混乱した様子や発生から時間が経過するとともに「困り事」が変化していくこと，いかに「わがこと意識」として捉えてもらえるかを工夫している。

防災意識が低かった自分自身であったが，阪神・淡路大震災を経験したことから十分備えているつもりであった。しかし東日本大震災を体験したとき，十分と思えた備えでも想定外のことが多く発生し，家族に迷惑をかけてしまった。東日本大震災の発生時には家族バラバラな時間帯であったこと，何かあれば携帯電話で連絡を取りあっていたわが家族，携帯電話やメールがつながらない場合の連絡方法，指定避難所が満員で追い返された家族が途方に暮れたこと，災害時の家族の決まりごとを話し合うことや正しい防災知識を得ることがいかに重要なことであるかなど。

また災害時には，職場の同僚の半分が帰宅困難者となったことから，非常持出袋は自宅だけではなく，車や職場にも備える必要性を伝えている。防災講座では，実際に非常持出袋の中身を展示し，児童の手にとって触れてもらっている。なぜ必要なのか？　備えているのか？　児童の想像力を膨らませてもらうためだ。防災講座を実施した6か月後，小学生が作製した「命を守るパスポート」が成果物として私の元に届けられた。そのパスポートには，備えるものとそれを選んだ理由，自分の命だけでなく，家族の命を守るための家族の約束事も記載されていた。私の伝えたかったことを受け止め，実践してくれた小学生に感謝の気持ちでいっぱいになった。防災講座を受講した小学生が将来，自分の地域は自分達で守る防災リーダーとなって，大震災の教訓を次の世代につなぐ架け橋となってくれることを期待している。

*column*

# 第14章　災害に強い地域づくり

## 第1節　災害に強い地域づくりを考える視点

### ▶ 1. 災害に強い地域とは

　災害に強い地域とは，どのような条件が整った地域のことをいうのだろうか。それは大きく分けて2つの視点から考える必要があるだろう。

　一つ目には，日常生活を送る地域の物理的環境が災害に強いという視点である。私たちが居住する地域において，日常の生活を成り立たせている住居をはじめ，公共空間，公共公益施設，生活利便施設などの物理的環境が，災害発生時においても安全が確保されていることである。

　まず，私たちの生活を支える住居の安全性を確保しておく必要がある。

　日中活動を終えて帰り，食事，入浴や家族だんらんを過ごし，就寝するといった人間として生きる上で欠かせない生活行為を包む器としての住居が災害時においても倒壊することなく，命が守られるようにしておくことは最も重要である。1995（平成7）年に発生した阪神・淡路大震災では，犠牲者の6434人のうち，自宅の倒壊による圧死・窒息による死亡者が約66％を占めていたことから，住居の安全性を確保することが重要であることがわかるだろう。また，住居の安全性を確保しておくことは，そこで生活する人だけでなく，地域の人たちの安全にとっても重要な要素である。災害発生時に安全性が十分でない住居が1軒倒壊することにより，その周辺住民の安全性を脅かす恐れがあるのだ。この点については，次の項でもう少し詳しく述べる。

　さらに，地域の生活基盤である道路，公園，公共交通機関の駅・バス停や車両，学校・役所・福祉施設などの公共的建築物，商業施設・レストラン・娯楽施設などの民間建築物などが災害発生時においても安全が確保できていること

写真14-1　阪神・淡路大震災被災地：木造住宅倒壊により前面道路を塞ぎ通行が危険な状態

写真14-2　阪神・淡路大震災被災地：鉄道高架が落下し，道路を塞ぎ通行できなくなった

である。これらの建物は，耐震基準や安全基準にしたがって建設されているので，安全が十分に確保されていると考えるかもしれない。しかし，阪神・淡路大震災の際には，安全なはずの阪神高速道路が横倒しになり，大きな被害が出た。東日本大震災では，空港が津波による被害を受けるとともに，沿岸部の役所庁舎が津波の被害を受けて多くの犠牲につながった。このように，私たちが地域で日常的に利用している空間や建物，設備が必ずしも安全であるとは限らないと考えて，その対策や行動をとる必要がある。

　もう一つには，災害時に地域において住民同士が助け合い，支え合って，避難や救急救命に取り組むことができる条件が整っているかという視点である。いざ災害が発生してから，住民同士が助け合い，支え合って，避難や救急救命の活動ができるものではない。日常から地域の住民同士が，どれだけ人と人のつながりをつくり，コミュニティとして災害時を想定した取り組みや活動の準備をしているかが問われることになる。本章では，主にこの2つ目の視点について詳しく取り上げて考えていきたい。

### ▶ 2.　災害に強い地域の環境づくり

　災害に強い地域の環境づくりには，誰がどのように取り組むことが求められるのだろうか。住居の安全性の確保には，住民一人ひとりが責任をもって取り組むことが求められる。耐震性に問題のある住宅は，2018（平成30）年時点で

全国に約700万戸あり，その内約7割の人が耐震診断すら受けていないという現状にある。「大きな災害はいつ来るかわからない」「自分が生きている内には来ないのではないか」「耐震診断を受けて耐震改修が必要であることがわかっても，改修工事には数十万円もの費用が必要になるので，工事を実施しようと思わない」といった理由から，耐震診断を受けようともしないのである。しかし，災害が発生した際に，倒壊の危険がある住宅が地域に存在していることは，そこに居住している世帯だけの問題ではない。先ほども述べたように，1軒の住居が倒壊することで，近隣にも危険を及ぼすことにつながる。住居が密集している地域では，倒壊した住居が隣接した住居を圧し潰す恐れがある。また，倒壊した住居のがれきが前面道路を塞ぎ，近隣住民の避難経路を分断することにもなる。自分の住居を安全にすることは，自分の命を守るだけでなく地域で居住する人たち全体の安全の確保にもつながることを認識して，取り組むことが求められる。

　地域の生活基盤である道路，公園，公共的建築物，民間の生活利便施設等の物理的環境を災害時に強くする取り組みは，国，県，市といった公共主体や商業施設などの民間事業者が果たすべき役割が大きいことはいうまでもない。地震，津波，豪雨などの災害時を想定した，建物の安全性を確保するとともに，災害発生時にその施設を利用している人たちの避難誘導や救急救命活動に施設を運営する職員，スタッフが的確に対応できるように準備しておくことが求められる。

## 第2節　住民による災害に強い地域づくり

### ▶ 1. 住民による災害に備えた地域づくりの重要性

　災害に強い地域づくりにおいては，住民同士が日常からつながりをもっていること，コミュニティとしての活動を行っていることが重要となる。これまでに発生した阪神・淡路大震災，東日本大震災等の大災害被災地において，災害が発生する以前から住民コミュニティが日常的に活動し住民同士のつながりが

強かった地域では，発災直後から住民同士の協力により被災者の救出や炊き出し等の救援活動が行われたことにより，被害を少なくすることができたことが報告されている。日常からの人とのつながりがなければ，いざ大災害が発生してからでは，地域にどのような人が住んでいるのか，支援を必要な人がどこにいるのかがわからず，お互いに協力して救援活動などを行うことはできないのである。

それでは，どのようにして支援が必要な人を把握し，つながりをつくることができるのだろうか。例えば，災害時に支援を要する人にあらかじめ名乗り出てもらい，住民組織が管理する避難行動要支援者名簿に登録してもらい，災害発生時に名簿をもとに避難や救出に活かすことが考えられる。しかし，名簿に登録しただけで，日常生活においてお互いに知り合いになっていなければ，実際に災害が発生した際に，お互いの信頼関係にもとづく迅速な支援につながらないおそれがある。

避難行動要支援者名簿への登録に加えて，日常のコミュニティ活動の輪の中に，災害時に支援を必要とする人にも加わってもらうように働きかけ，つながりを作っておくことが重要となる。定期的に開催するサロン活動や趣味のサークル活動など，自治会，住民組織が日常からコミュニティ活動に活発に取り組み，要支援者を含めた幅広い住民の参加を得ていることが，いざ大災害が発生した際に信頼関係にもとづく的確な支援として機能することになる。

### ▶ 2. 住民による災害に備えた地域づくりに向けた活動方法

災害発生時に，地域住民が協力して相互支援に取り組むことができるように，日常から取り組んでおくことが有効な具体的な活動方法の例を以下にいくつか紹介する。

### (1) 住民による地域の安全マップ（ハザードマップ）づくり

地域住民が，平時から災害時を想定した取り組みについて考え，行動する上では，自分たちの住む地域の現状について知っておく必要がある。住み慣れた

地域なので，何でも知っているつもりでいても，災害時の危険性や避難の際に安全な経路，災害時に活用できる地域の資源などについては，意外とわかっていないのが現状である。

そこで，自治会，町内会などの地域組織が主体となり，できるだけ多くの住民の参加を得て，災害発生時の状況を想定しながら自分たちの地域を歩き点検し，把握できたことを安全マップにまとめる取り組みが行われている。取り組んでいる地域の特性に応じて，どのような内容を点検し，マップに載せるかについて工夫をしているが，例えば**表14-1**のような内容が考えられる。

これらは一例であるが，あらかじめ決められた項目をそのまま採用するのではなく，自分たちの地域では，どのような内容について調べ，マップに載せるのかを地域住民同士で話し合い，検討することが重要である。つまり，マップづくりにおいては，マップを作成することだけが目的ではなく，マップ作成のプロセスにおいて，地域住民が災害時における具体的な取り組みをイメージ

表14-1　地域安全マップに掲載する情報例

| 項　　　目 | マップに掲載する情報例 |
|---|---|
| 災害時に危険な箇所 | ・がけ崩れの危険箇所<br>・大雨による氾濫の危険がある河川<br>・津波による被害の危険区域<br>・倒壊の危険のある建物<br>・地震により落下の危険がある看板等<br>・ブロック塀の倒壊により通行を妨げられる経路<br>・火災発生時に延焼の危険がある密集地区<br>　　　　等 |
| 災害時に活用できる地域資源 | ・避難所，福祉避難所<br>・消火栓，消火用ホース格納庫，防災倉庫，耐震貯水槽<br>・民家の中にある井戸，生活用水に利用できる河川<br>・倒壊した建物から救助する際に活用できる重機や資機材を有している事業所<br>・大災害発生直後の緊急時に水・食料等の提供に協力してくれる商店<br>・災害発生時に役立つ専門人材（医師・看護師・保健師，民生委員・児童委員，福祉関係者，通訳）<br>　　　　等 |

出所：筆者作成

し，お互いに共有することが重要な目的なのである。

## (2) 災害時を想定した訓練の実施

　防災訓練といえば，バケツリレーや炊き出しが定番と考えられるが，実際の災害発生時には，様々な事態が次々と発生することから，その一つひとつについて迅速に判断し，対応していくことが住民組織に求められることになる。災害時に発生する状況を疑似的に体験しながら学び，考えることは，実際に役立つ訓練として有効と考えられる。以下にその例をいくつか紹介する。

### 1) 災害図上訓練 (DIG：Disaster Imagination Game)

　自衛隊における災害時の訓練用に開発されたものであるが，地域の住民組織や学校等での訓練に幅広く使用されるようになっている。初級編，中級編，応用編といくつかのレベルに応じて実施するようになっているが，ここでは応用編について説明する。進行役が，発生した災害の種類と日時を設定し，災害発生直後から生じる事態や問題をグループに提起し，それに対してグループメンバーは即時に検討し，その対応策を導き出していく。

　例えば，進行役が「○○町△丁目一帯で，建物倒壊が発生しました。どのくらいの人数が生き埋めになっており，その救出のためにどのように対応をしたら良いか」という投げかけがされるのに対して，グループメンバーは，その町内で老朽木造家屋の倒壊が起こったとしたら，何人ぐらいが生き埋めになっているかを判断し，その救出のために，何人ぐらいの住民を動員してどのような方法で救助するかを具体的に考え，対応を検討する，というようなことである。このようなやりとりを設定した時間内に次から次へと行うことにより，災害発生時に生じる事態や問題が多様にあることとそれへの対応を即座に検討し，動くことの難しさを学ぶことができる。

### 2) 避難所運営ゲーム (HUG：Hinanzyo Unei Game)

　大災害発生時には，地域の住民が避難所を開設し，直後の運営にあたることが想定されることから，その時に起こる事態を想定して，体験的に学ぶツールとして，2007 (平成 19) 年に静岡県が開発したものである。

つぎつぎと被災者が避難所に殺到する中で，避難所開設の初動時から混乱なく被災者を受け入れて，避難行動要支援者にも配慮した運営を行っていくことについて，住民が体験的に学ぶことをねらいとしている。

　避難所となる学校の体育館や教室を平面図に描いたシートを用意し，進行役が読み上げる，避難してきた人の性別，年齢，国籍やそれぞれが抱える事情をもとに，グループメンバーが部屋割りについて判断し，読み上げた内容に対応するカードを平面図に配置する。読み上げる内容は，避難してきた被災者の部屋割りに関するものだけでなく，「仮設トイレが届いたのでどこに置くか」「ペットを連れてきた被災者のペットの居場所をどうするか」「マスコミの取材が来たがどこで対応するか」などについても，グループで相談して判断し，平面図に配置する。日常では想定することができない多様で複雑な事態が，避難所開設時には次々と起こることについて，住民が認識することができる。

### 3) 避難行動要支援者の参加による避難訓練

　東日本大震災による津波被害の大きさを教訓に，南海トラフ地震の発生により津波被害が想定される沿岸部の地域において，避難訓練が行われている。津波に襲われる前にいかに早く高台に避難することができるかが，命にかかわることから，避難行動要支援者も参加して，実際に避難にかかる時間を計測し避難の可否を検証している。高齢化が進んでいる地域で避難行動要支援者が多いことから，自力で避難ができない方たちにも避難訓練に参加してもらうことで，実際に災害が発生した時の状況を疑似的に体験する訓練となっている。誰がどのような方法で避難行動要支援者の避難を支援するのか。どうすれば津波到達までに避難ができるのか，などがポイントとなる。例えば，車いすに乗せて1人で押して避難した場合，リヤカーに乗せて複数人で搬送した場合，避難用背負子で背負って避難した場合など，考え得る方法を試している。このような要援護者も参加した避難訓練は，津波被害が想定される地域だけでなく，本来はどこでも取り組むべきことである。高齢化がさらにすすむ中では，要支援者とその支援をする人の両方が参加し，様々な災害を想定した避難訓練を実施することが，実際に災害が発生した際に想定外の人を作らない支援行動に役立つこ

とになる。

## 第3節　災害に強い地域づくりを支える人や組織のネットワーク

### ▶ 1. 超少子高齢社会における災害に強い地域づくりの課題

### (1) 避難行動要支援者が増加する課題

　地域において避難行動要支援者が増加するなかで，大災害発生時における，高齢者，障害者などの避難行動要支援者に対する避難や救命・救急への対応が課題となっている。阪神・淡路大震災における犠牲者のうち，住宅倒壊による圧死・窒息が66％と多かったことは先にも述べたが，そのうち圧死によるものは1/6ほどで，窒息により死亡した人の方が圧倒的に多かった。つまり，早期に救出されていれば，助かる可能性があったと考えられる。東日本大震災の被災者においても，高齢者が多く，また障害者で犠牲になった人の割合は，健常者をかなり上回っていた。

　台風や局地的豪雨による浸水，がけ崩れによる被害も続発している。要介護高齢者が判断を誤って逃げ遅れた，聴覚障害者に避難指示の放送が聞こえず逃げ遅れた，視覚障害者が雨の強さや浸水の状況がわからず床上に浸水し寝ている頭が濡れてはじめて気づいたというように避難行動要支援者への支援が地域で十分に機能していないのが現状である。

　今後，超少子高齢化の進展により，一人暮らし世帯，要介護高齢者が地域住民の中に占める割合が増加する中で，地域コミュニティによる助け合い，支え合いによる支援をどうやって機能させていくかが大きな課題となっている。

### (2) 地域コミュニティの担い手不足の課題

　超少子高齢化の進展により，災害に強い地域づくりのために，平時からの地域のコミュニティ活動を継続していく上で，その担い手が不足することが課題として挙げられる。これからどの地域においても，要介護高齢者，認知症高齢者がますます増えていくことは確実である。地域において支援を必要とする住

民が多くなるのに対して，それを支える若年，中年層の住民は減少していく。また，若年，中年，高齢者のどの年代においても一人暮らし世帯が増えており，人と関わりを持とうとしない，地域から孤立しがちな住民も増えていくと考えられる。

このように地域における住民層が変化していくことにより，大災害に備えた日常からのコミュニティ活動を維持していくことが難しくなる恐れがある。夫婦と子どもといった家族世帯は，地域の中では相対的に少ないうえに，夫婦ともに仕事に就いている割合が高く，日中地域にいるのは高齢者がほとんどという地域が一般的になっていくと思われる。その結果，日常から人と人とのつながりをつくる活動の企画，実施をする担い手がいなくなり，コミュニティの希薄化がすすむことにより，地域住民による防災力が弱まり，災害に強い地域づくりが後退するという悪循環に陥ってしまう。

そのような悪循環に陥らないようにするためには，どうすればいいのだろうか。それは，地域で生活する一人ひとりが，地域を安全にすることは，「わがこと」だ，という当事者意識をもつことだと考えられる。若年世帯，中年世帯はもとより，一人暮らしで地域から孤立しがちな人，そして支援の対象と考えられる高齢者，障害者等も含めて，自分たちの地域の安全は自分たちで守るのだという強い意識をもって行動することが求められる。それぞれができる範囲で，コミュニティ活動に関わり，担い手とし役割を果たしていくことが，災害に強い地域づくりにとって欠かせないことである。

## ▶ 2. 災害に強い地域づくりを支える人や組織のネットワークの必要性

災害に強い地域づくりに向けた日常からのコミュニティ活動の担い手が少なくなっていくことへの対応として，地域における人や組織のネットワークを構築し，活かしていくことが考えられる。

### (1) 地域の企業，事業所等とのネットワーク

地域には，人々の暮らしを支える物やサービスを供給する企業，事業所，商

店等が立地している。それぞれの組織には，元気で知識や技術をもった働き盛りの人たちがいて，日中の業務にあたっている。担い手が不足している地域コミュニティは，地域の企業や事業者とのネットワークをつくることで，災害時に強い地域づくりにつなげていくことが考えられる。

　具体的には，地域で孤立しがちな高齢者，障害者等の住戸に定期的に訪問し，安否確認や話し相手になるといったつながりをもってもらうことで，災害発生時にはそのつながりを活かして救助や救援を担ってもらうといったことが考えられる。企業や事業者側にとっても，地域住民と日常的なつながりをもつことで，顧客のニーズを把握し，物やサービスの新たな商品開発に活かしていくといったメリットも考えられる。

### (2) 潜在化している専門職とのネットワーク

　地域住民の中には，人々の命や生活を守り支えることに関わる専門資格を有しているが，現状ではその資格を活かした職務に就いていない人が少なからずいると思われる。例えば，医師や看護師，教員や保育士，介護福祉士など，災害時においてその資格で培った経験を活かすことができる人が少なからずいると思われる。そういった潜在化している専門職と，地域の住民コミュニティが平時からつながっていくことで，大災害が発生した直後の，外部からの救援が到着するまでの間に，それぞれの専門知識や技術を活かした救助，救援活動を住民と協力して担ってもらうことが可能となる。本章のコラムでは，潜在化する専門職の一つである潜在看護師が地域で担おうとしている役割について紹介しているので参照されたい。

〈演習課題〉

1. 地域コミュニティが大災害発生時に備えて，日常から取り組んでいる先進的な活動事例について調べてみよう。
2. 学校の教職員および学生として，地域の住民コミュニティと共に災害に強い地域づくりに向けた活動として何ができるか考えてみよう。
3. あなたが住んでいる地域において，災害時に危険な箇所，活用できる地域資源を調べて，地図上に表記した地域安全マップを作成してみよう。

**参考文献**

日本住宅会議編『東日本大震災　住まいと生活の復興　住宅白書2011－2013』ドメス出版，2013年

日本自然災害学会監修『防災事典』築地書館，2002年

# ● 災害時に対処する「潜在看護師」としての役割～研修を活かして～

田口妙子

愛知県東海市災害支援看護職

　愛知県東海市は海に面した半島に位置するため，南海トラフ巨大地震などで大きな被害が想定される。「潜在看護師」とは，免許を有しながら医療現場から離れている看護師のことを指し，災害発生時に自らが居住する地域の救護所や避難所において，被災者の衛生健康管理，要配慮者への支援を担うことが期待される。私は愛知県東三河地域の基幹病院に十数年勤務後，東海市へ引っ越したのを機に医療現場から離れた。現在の職場の上司である東海市健康推進課課長に声を掛けられ，災害時に潜在看護師として活動するための災害対応研修会へ参加した。当初は潜在看護師として役割を担うことに不安があったが，研修で「まず自分と家族の安全確保が大前提」「地域住民の一人として行動する中で看護の力を発揮して欲しい」と説明があり，必要以上に気負わず協力できると思えるようになった。

　この研修には2015（平成27）年以降継続して参加している。災害発生直後において，最新の医療機器がなくても看護技術を活かして被災者の命や健康を守る方法を学んでいる。研修は座学だけでなく，地域の防災訓練に参加し，消防士をはじめ地域の人たちと力を合わせて救護や安全確保に取り組む演習も行っている。この研修を通して，一緒に参加している潜在看護師をはじめ，地域の様々な人たちと知り合うことができ，顔の見える地域のネットワーク作りにつながっている。2019（令和元）年の日本福祉大学看護学部での研修修了時には，東海市長から「東海市災害支援看護職」の委嘱状を授与され，これから活動していく上で大変励みとなった。

　今後は，研修で学んだことのブラッシュアップを図るとともに，新たな課題である災害時における感染症対策の知識も修得したい。さらに災害に強い地域づくりに貢献できるように，地域で一緒に活動できる人や組織のネットワーク拡大にも継続して取り組みたい。

*column*

社会福祉・医療従事者のための災害福祉論

2021年9月20日　第1版第1刷発行

著　者　長谷川　洋　昭

発行者　田中　千津子

発行所　株式会社 学文社

〒153-0064　東京都目黒区下目黒3-6-1
電話　03（3715）1501 ㈹
FAX　03（3715）2012
https://www.gakubunsha.com

©Hiroaki Hasegawa 2021　　Printed in Japan　　印刷　新灯印刷㈱

乱丁・落丁の場合は本社でお取替えします。

定価はカバーに表示。

ISBN978-4-7620-3112-0